Martin Keller

"Ich bin nicht ausser Gott und Gott nicht ausser mir"

Martin Keller

"Ich bin nicht ausser Gott und Gott nicht ausser mir"

Predigten für das 21. Jahrhundert

Fromm Verlag

Impressum/Imprint (nur für Deutschland/ only for Germany)
Bibliografische Information der Deutschen Nationalbibliothek: Die Deutsche Nationalbibliothek verzeichnet diese Publikation in der Deutschen Nationalbibliografie; detaillierte bibliografische Daten sind im Internet über http://dnb.d-nb.de abrufbar.

Coverbild: www.ingimage.com

Contact:
International Book Market Service Ltd., 17 Rue Meldrum, Beau Bassin, 1713-01 Mauritius
Website: www.bookmarketservice.com
Email: info@bookmarketservice.com

Gedruckt in: USA, UK, Deutschland. Dieses Buch wurde nicht in Mauritius produziert.

Imprint (only for USA, GB)
Bibliographic information published by the Deutsche Nationalbibliothek: The Deutsche Nationalbibliothek lists this publication in the Deutsche Nationalbibliografie; detailed bibliographic data are available in the Internet at http://dnb.d-nb.de.

Cover image: www.ingimage.com

Contact:
International Book Market Service Ltd., 17 Rue Meldrum, Beau Bassin, 1713-01 Mauritius
Website: www.bookmarketservice.com
Email: info@bookmarketservice.com

Printed in: U.S.A., U.K., Germany. This book was not produced in Mauritius.

ISBN: 978-3-8416-0168-1

Inhaltsverzeichnis

Vorwort

Die Predigten in diesem Buch entstanden in einem Zeitraum von mehr als zehn Jahren. Für diese Ausgabe wurden sie leicht überarbeitet. Die Anordnung der Predigten ist nicht chronologisch. Der aufmerksame Leser, die aufmerksame Leserin wird jedoch feststellen, dass gewisse Predigten zu bestimmten Themen gruppiert sind.

Predigten sind immer auch Ausdruck einer bestimmten Spiritualität. Eine zeitgemässe Spiritualität zum Beispiel wird in ihren Predigten religiöse Worthülsen meiden, wenn sie ein tieferes Verständnis von Gott und Wirklichkeit verhindern. Mehr noch: Eine zeitgemässe Spiritualität weiss, dass sich das Bewusstsein im Lauf der Evolutionsgeschichte entwickelt hat und sich auch in Zukunft weiter entwickeln wird. Sie weiss, dass Glaube und Bewusstsein verbunden sind und dass die Wirklichkeit, die wir Gott nennen, auf den unterschiedlichen Ebenen des Bewusstseins verschieden erscheint. Eine zeitgemässe Spiritualität ist sich dessen bewusst, dass Glaubensvorstellungen und religiöse Erfahrungen nicht in einem kontextlosen Raum schweben. Was wir denken und erfahren, wie wir fühlen und handeln ist nicht nur individuell geprägt, sondern auch von mannigfachen soziokulturellen Hintergründen bestimmt, die uns oft nicht bewusst sind. All diese Zusammenhänge sind einer zeitgemässen Spiritualität bekannt, auch wenn sie diese in Predigten und Ansprachen nicht explizit ausspricht.

Eine zeitgemässe Spiritualität schliesslich wird der mystischen Tradition des Christentums in Gottesdienst und Liturgie mehr Raum gewähren als bisher. (Wer sich für die angesprochenen Themen interessiert und sich vertieft mit ihnen befassen möchte, dem seien die Bücher von Willigis Jäger, Ken Wilber sowie das Buch von Marion Küstenmacher, Tilmann Haberer und Werner Tiki Küstenmacher: *Gott 9.0. Wohin unsere Gesellschaft spirituell wachsen wird*, empfohlen.)

Ziel dieser Predigten, die sich als Ausdruck einer zeitgemässen Spiritualität verstehen, ist es, dich, liebe Leserin, lieber Leser, dazu anzuregen, selbst auf Spurensuche zu gehen nach dem Göttlichen in der Welt und eigene Worte zu finden für das, was dich im Tiefsten berührt.

Alle Bibeltexte, von wenigen Ausnahmen abgesehen, stammen aus der Ausgabe der Zürcher Bibel von 2007.

Zum Schluss ein Spruch von Angelus Silesius, der dieser Predigtsammlung den Titel liefert und dessen Sinnsprüche ich in den vorgelegten Predigten immer wieder dankbar aufgenommen habe. Auf unnachahmliche Weise wird in ihnen die mystische Dimension des Glaubens einfach und prägnant zur Sprache gebracht.

> Ich bin nicht ausser Gott
> und Gott nicht ausser mir.
> Ich bin sein Glanz und Licht,
> und er ist meine Zier.[1]

Martin Keller
Im Juli 2011

---

[1] Vgl. Willigis Jäger, Geh den inneren Weg. Texte der Achtsamkeit und Kontemplation, ^{4}2000, 131.

Auf der Suche nach der Gegenwart Gottes

„Damals sprach Salomo: Gott hat gesagt, dass er wohnen will im Wolkendunkel. Ich habe ein Haus gebaut, eine erhabene Wohnung für dich, eine Stätte, damit du dort wohnen kannst für alle Zeiten." (1 Kön 8,12-13)

„Aber sollte Gott wirklich auf der Erde wohnen? Sieh, der Himmel, der höchste Himmel kann dich nicht fassen, wie viel weniger dann dieses Haus, das ich gebaut habe! Erhöre das Flehen und das Gebet, das dein Diener heute vor dir betet, damit in der Nacht und bei Tag deine Augen offen sind über diesem Haus, über der Stätte, von der du gesagt hast: Dort soll mein Name sein. Erhöre das Flehen deines Dieners und deines Volkes Israel, mit dem sie zu dieser Stätte hin beten; erhöre es an der Stätte, wo du wohnst, im Himmel." (1 Kön 8,27-30)

Wie können wir im Zeitalter von Holocaust, Gentechnologie und Internet von Gott reden?

Wie von Gott reden in einer Zeit, in der die elektronische Vernetzung der Welt zunehmend das Leben auf diesem Planeten bestimmt? Wie von Gott reden in einer Zeit, in der Eingriffe in das Erbgut von Pflanzen, Tieren und Menschen möglich geworden sind? Ja, wie von Gott reden angesichts des abscheulichsten Verbrechens, das die Menschheit bislang gesehen hat?

Wie also können, ja müssen wir heute von Gott reden?

Ein Blick auf die Entstehungsgeschichte der Bibel zeigt, dass Menschen immer wieder herausgefordert waren, sich selbst, die Welt, in der sie lebten, und Gott neu zu verstehen. So war es auch vor mehr als zweieinhalbtausend Jahren, als Menschen ebenfalls mit der Frage konfrontiert waren, wie man angemessen von Gott reden kann. Hören wir, was sie zu sagen hatten.

Ein eisiger Wind fegt über die Berge Judäas. Öd und wüst liegt das Land.

Ungefähr elf Kilometer nordwestlich von Jerusalem versammelt sich an einem Winter-morgen um das Jahr 560 v. Chr. eine Gruppe von Männern. Seit geraumer Zeit schon kommen sie in der kleinen Stadt Mizpa zusammen.

Es sind alte Männer, die sich im Haus des Jonathan versammeln. Ehrwürdige Gestalten – ehemalige Priester, Propheten, Älteste.

Bitterkalt ist es an diesem Morgen. Durch Fugen und Ritzen dringt der Wind. Nur das Kohlenfeuer spendet ein wenig Wärme. Die Männer rücken zusammen. Auf dem einzigen Tisch des Raumes breiten sie ihre Schriftrollen aus. Tief beugen sie sich über die Schriften, in denen die alten Überlieferungen ihres Volkes aufbewahrt sind. Geschichten von ihren Vorfahren, Geschichten vom Königshaus, Geschichten von Propheten und Heiligtümern – die Geschichte Gottes mit seinem Volk. Ist diese Geschichte jetzt zu einem Ende gekommen? Hat sich Gott von seinem Volk abgewendet?

„Wach auf! Warum schläfst du, Gott?
    Erwache! Verstosse nicht auf ewig!
Warum verbirgst du dein Angesicht,
    vergisst unsere Not und Bedrängnis?" (Psalm 44,24f)

Solche oder ähnliche Fragen mögen diesen Männern oft durch den Kopf gegangen sein. Land, Tempel, Königshaus – alles ging verloren, als die Babylonier gut dreissig Jahre zuvor Jerusalem und den Tempel schleiften und eine grosse Anzahl Bewohner ins Exil führten.

Jetzt begreifen wir, was diese Männer bei ihren Zusammenkünften umtreibt. Sie sind auf der Suche nach Antworten. Sie wollen verstehen, was geschehen ist damals, als

Gott den Babyloniern nicht entgegentrat. Und sie wollen verstehen, wie Gott in einer Zeit erfahrbar ist, in der es kein Gotteshaus mehr gibt. Werden sie Antworten finden?

Noch näher rücken die Männer zusammen. Stimmengewirr füllt den Raum. Erregt wird diskutiert. Und nun geschieht etwas Merkwürdiges. Bei ihrem Nachdenken über die alte Überlieferung von Salomo dem Tempelbauer kommen sie zu einer neuen Erkenntnis: Gott selbst thront nicht im Tempel, sondern im Himmel. Doch mit seinem Namen ist er im Tempel gegenwärtig. Gott im Himmel, sein Name auf Erden – die alte Geschichte von Gott und Tempel muss neu geschrieben werden!

So ist das also: Der Name Gottes bleibt, selbst wenn der Tempel in Trümmern liegt und sich das Geschick des Gottesvolkes verdunkelt hat. Mit seinem Namen ist Gott weiterhin anrufbar – keine Macht der Welt kann das verhindern. Der Name Gottes ist unzerstörbar.

Es ist spät geworden. Zeit aufzubrechen. Die Männer ergreifen ihre Schriftrollen. Einer nach dem anderen verlassen sie das Haus. Bald wollen sie wieder zusammenkommen. Jonathan bleibt vor dem Haus stehen, bis die letzten in der anbrechenden Dämmerung verschwunden sind ...

Ja, liebe Gemeinde, so, wie die Männer in Mizpa, sind auch wir herausgefordert, unsere Erfahrungswirklichkeit mit der biblischen Überlieferung zusammenzubringen. Doch wie geht das zusammen? Wie können wir Bibel und heutige Welt zusammendenken, um Antworten auf die Fragen unserer Zeit zu erhalten? Fixfertige Antworten gibt es keine. Ich kann Ihnen kein Patentrezept nennen; ich bin selber auf der Suche nach möglichen Antworten. Doch eines weiss ich: Gemeinsames Nachdenken tut not!

Und noch etwas: Wie die Männer in Mizpa, so müssen auch wir die biblischen Texte weiterschreiben, um Antworten zu erhalten; selbst wenn unsere Antworten nicht zu Bibeltexten werden. Unser Nachdenken heute schlägt sich nieder in Form von Gesprächen, Predigten und Gebeten. Und dennoch: Die Antworten, die wir finden, sind nicht weniger wahr. Darum: Führen wir diese Gespräche, halten wir diese Predigten und beten wir so, dass auch wir entdecken – die geheimnisvolle Kraft, die wir mit dem Wort Gott benennen, ist uns nicht abhanden gekommen.

Gott begegnen im Nächsten

„Freut euch im Herrn allezeit! Nochmals will ich es sagen: Freut euch! Lasst alle Menschen eure Freundlichkeit spüren. Der Herr ist nahe.“ (Phil 4,4-5)

Wieder bin ich in Afrika unterwegs. Dem Grau und der Kälte des Nordens entflohen, bin ich für einige Tage nach Morija, einem Dorf in Lesotho zurückgekehrt.

Morija – wenig hat sich verändert seit meiner Abreise vor anderthalb Jahren. Viele vertraute Gesichter sind noch da. Die Frau auf der Post, der Torwächter bei der Druckerei, Studenten und Studentinnen, die ich unterrichtet habe. Das Leben scheint seinen gewohnten Gang zu gehen.

Heute will ich in der Umgebung des Dorfes wandern. Zu den Dämmen, den kleinen, künstlich angelegten Bergseen will ich hinauf. Den gewohnten Rundgang machen. Die wärmende Sonne begleitet mich. Zu dieser Stunde ist das Dorf ruhig. Nur wenige Menschen sind unterwegs. Ein paar Schüler auf dem Heimweg, sonst niemand. Hinter Thabeng führt der Pfad durch lichten Wald. Der Boden ist von der Erosion ganz ausgemergelt. Nackt und verwundet liegt er da. Die Eukalyptusstauden, die man vor Jahren gepflanzt hat, ziehen zuviel Wasser aus dem Boden.

Ich nähere mich dem untersten Damm. Wie oft bin ich schon hier am Ufer gesessen und habe die friedliche Stimmung auf mich wirken lassen! Sanft streicht der Wind über die glatte Fläche des Sees. Von fern ist das Gebimmel von Kuhglocken zu hören.

Im Dorf hat man mich davor gewarnt, hier hinauf zu kommen; im unwegsamen Gelände könnten sich versprengte Soldaten aufhalten. Doch Stephen, der gut informierte Museumsleiter, beruhigt mich. Ja, es hat ein paar Soldaten gegeben, die sich wegen der Unruhen im Land in die Wälder und Berge zurückgezogen haben. Jetzt sind sie weg. Bei seinem letzten Rundgang habe er nichts bemerkt.

Ich setze meine Wanderung fort. Der Weg wird steiler. Der Wald dichter. Die Bäume grüssen mich. Du bist doch der, der jeden Tag mit dem Hund hier vorbeigekommen ist! Schön, dich wiederzusehen.

Ja, es ist gut, hierher zurückgekommen zu sein. Leichtfüssig und beschwingt nehme ich die nächste Steigung in Angriff.

Da, von rechts kommt ein Mann durch den Wald geschritten. *Lumela*, grüsse ich ihn. Er grüsst zurück. Neugierig mustere ich den Fremden. Seine Kleidung sieht ärmlich aus. Um seine Schultern hat er eine Decke geworfen. In seiner Hand hält er einen kräftigen Stock. Ein Hirte, denke ich. Er sieht aus wie ein Hirte.

Stumm gehen wir nebeneinander her. Schliesslich fragt er mich nach der Uhrzeit. Halb vier, sage ich. Dann frage ich ihn, woher er kommt und wohin er geht. Bereitwillig gibt er Auskunft. Englisch versteht er nicht, er spricht nur seine afrikanische Muttersprache. Gemeinsam legen wir das letzte Stück bis zum obersten Damm zurück.

Dann trennen sich unsere Wege. Er zieht weiter den Bergen entgegen; ich dagegen steuere auf einen grossen Felsblock zu, von dem man einen schönen Ausblick auf die umliegende Landschaft hat. Auf dem steinernen Hochsitz lasse ich mich nieder und stecke meine Pfeife in Brand. Stille umgibt mich. Die Zeit scheint stillzustehen. Hier muss Gottes Garten sein!

Plötzlich höre ich ein Geräusch. Da steht er wieder. Der Hirte ist zurückgekommen. Was mag ihn wohl zurückgetrieben haben? Er setzt sich. Interessiert beobachtet er mich beim Pfeifenrauchen. Dann zeigt er auf meine Uhr. Das ist eine schöne Uhr.

Ich solle sie ihm geben. Mir gefällt sie auch, erkläre ich ihm; darum möchte ich sie behalten. Er schweigt. Ob ich Zigaretten hätte. Ich habe keine. Wieder verfällt er in Schweigen. Da kommt mir eine Idee. Von einem Blatt Papier, das mir als Agenda und Notizblock dient, reisse ich ein Stück weg und reiche es ihm. Auf das Papierstück lege ich eine Prise Tabak. Sichtlich zufrieden dreht er sich eine Zigarette. Schweigend sitzen wir beieinander und rauchen. Die Sonne lacht.

Die Sonne lacht. Er, der Afrikaner, und ich, der fremde Weisse, teilen Tabak, Raum und Zeit. Ich begreife: Da, wo wir einander ohne Angst und Vorurteile begegnen, kommt Gott zur Welt. Da, wo ich im andern den Bruder und die Schwester erkenne, ist Gott nahe. Selten habe ich das so tief erfahren wie heute. Nach einer Weile steht der unbekannte Bekannte auf und greift nach seinem Stock. *Tsamaea hantle, Ntate,* gehe wohlbehalten deinen Weg! Er grüsst zurück: *Sala hantle, Ntate,* bleibe wohlbehalten zurück! Dann verschwindet er zwischen den Büschen.

Langsam erhebe ich mich. Ich verlasse den Garten Gottes und wandere dem Ufer des Sees entlang. Vogelgesang begleitet mich. Langsam steige ich zum Dorf hinab. Friede und Freude erfüllen mich. Worte des Apostels Paulus kommen mir in den Sinn: „Freut euch! Lasst alle Menschen eure Freundlichkeit spüren. Gott ist nahe.“

Vom Sinn der Religion

Was ist der Sinn der Religion?

Vielleicht haben Sie sich diese Frage auch schon gestellt.

Was ist der Sinn der Religion?

Ist es die gute Tat?

Besteht der Sinn der Religion darin, Gutes zu tun, so wie es zum Beispiel im Buch des Propheten Micha ausgedrückt ist? „Er hat dir kundgetan, Mensch, was gut ist, und was Gott von dir fordert: Nichts anderes, als Recht zu üben und Güte zu lieben und in Einsicht mit deinem Gott zu gehen.“ (Mi 6,8)

Was ist der Sinn der Religion?

Ist es der Trost?

Besteht der Sinn der Religion darin, den Menschen Halt und Trost zu verheissen, so wie es zum Beispiel in Psalm 23 beschrieben ist? „Wandere ich auch im finstern Tal, fürchte ich kein Unheil, denn du bist bei mir, dein Stecken und dein Stab, sie trösten mich.“ (Ps 23,4)

Was ist der Sinn der Religion?

Ist es der Glaube?

Besteht der Sinn der Religion darin zu glauben, so wie es zum Beispiel im Brief des Apostels Paulus an die Römer formuliert ist? „Denn wenn du mit deinem Mund bekennst, dass Jesus der Herr ist, und in deinem Herzen glaubst, dass Gott ihn von den Toten auferweckt hat, wirst du gerettet werden." (Röm 10,9)

Glaube, Trost, gute Taten – ist das der Sinn der Religion?

Zweifellos gehört all dies zur Religion und macht ihre Bedeutung aus.

Gute Taten sind wichtig für den Zusammenhalt der Gesellschaft. Der Trost, den wir spenden, ist wichtig, weil wir damit unser Mitgefühl zeigen. Und der Glaube ist für viele eine Kraft, die ihnen in schwierigen Situationen hilft, das Leben zu bestehen.

Doch da ist noch mehr.

Eine Frau träumte, sie sei im Himmel und stehe vor Gott.

„Wer bist du?" fragte eine Stimme.
„Ich bin die Frau des Bürgermeisters", erwiderte sie.
„Ich habe nicht gefragt, wessen Ehefrau du bist, sondern wer du bist."
„Ich bin die Mutter von vier Kindern."
„Ich habe nicht gefragt, wessen Mutter du bist, sondern wer du bist."
„Ich bin Lehrerin."
„Ich habe nicht nach deinem Beruf gefragt, sondern wer du bist."
„Ich bin eine Christin."
„Ich habe nicht nach deiner Religion gefragt, sondern wer du bist."
„Ich bin die, die jeden Sonntag in die Kirche geht und immer den Armen hilft."
„Ich habe nicht gefragt, was du tust, sondern wer du bist."

Und so ging es weiter. Alles, was sie erwiderte, war keine wirkliche Antwort auf die Frage: „Wer bist du?" Und so wurde die Frau zurück auf die Erde geschickt. Als sie aus dem Traum erwachte, beschloss sie, herauszufinden, wer sie war.[2]

Was also ist der eigentliche Sinn der Religion?

Herauszufinden, wer du wirklich bist. Das ist die Grundlage von allem und die wichtigste Frage der Welt.

[2] Nach E. Müller (Hg.), A. de Mello. Der Dieb im Wahrheitsladen. Die schönsten Weisheitsgeschichten, 1997, 238.

Gott gibt es nicht!

Nikolaus von Kues, Kardinal und bedeutender Theologe des 15. Jahrhunderts, sagte: Gott ist weder nichts noch etwas.

Dietrich Bonhoeffer, bedeutender Theologe des 20. Jahrhunderts und Widerstandskämpfer gegen die Nazis, sagte: Einen Gott, den es gibt, gibt es nicht.

Gott gibt es nicht! Wie ist das zu verstehen?

Ganz einfach: Gott kann man nicht in die Hand nehmen wie einen Gegenstand. Gott ist nicht etwas, was man sehen, riechen, schmecken, hören und betasten kann. Gott kann man nicht begreifen.

In diesem Sinne gilt: Gott gibt es nicht!

Noch eine andere Beobachtung.

Wir Menschen machen Gott! Wie ist das zu verstehen?

Ganz einfach: Wir sind es, die über Gott nachdenken. Wir sind es, die von Gott reden. Wir sind es, die uns Vorstellungen machen von Gott.

In diesem Sinne gilt: Wir Menschen machen Gott!

Das gilt auch für die Bibel. Auch in der Bibel sind es Menschen, die über Gott nachdenken. Auch in der Bibel sind es Menschen, die ihren Glauben in Geschichten und Erzählungen ausdrücken. Die Bibel entspringt den religiösen Erfahrungen der Menschen jener Zeit. Wer darum behauptet, die Bibel erfasse alles, was von Gott je gesagt werden kann, täuscht sich. Wer meint, die Bibel erfasse Gott vollkommen und klar, irrt. Die Bibel ist ein Kind ihrer Zeit.

Darum gilt auch: So wie die Menschen der Bibel können viele Menschen heute nicht mehr glauben. Ihre Art zu denken, ist nicht unsere Art zu denken. Ihre Welt ist nicht unsere Welt. Wir sind Menschen des 21. Jahrhunderts. Darum reden wir anders von Gott. Darum haben wir andere Gottesvorstellungen.

Doch immer sind unsere Gottesvorstellungen und unser Reden von Gott vorläufig und begrenzt. Immer sind es tastende Versuche, der gewaltigen Wirklichkeit, die hinter Leben und Tod steht, Ausdruck zu verleihen.

Wenn es also Gott nicht gibt, weil Gott nicht vorhanden ist wie ein Ding oder sonst etwas – was bedeutet das?

Es bedeutet radikale Offenheit für Gott als Geheimnis der Welt. Es bedeutet radikale Offenheit für den unfassbaren Gott. Es bedeutet radikale Offenheit für den Gott, der ganz anders ist, als wir ihn uns auszudenken vermögen.

Wenn also wir Menschen Gott machen, weil wir von Gott reden – was bleibt dann?

Es bleibt die Kirche als Gemeinschaft von Menschen, die suchend in ihrem Leben unterwegs sind. Es bleibt die Kirche als Gemeinschaft von Menschen, die sich ohne Angst über ihre Glaubens- und Lebenserfahrungen austauschen können. Es bleibt die Kirche als Gemeinschaft von Menschen, die fragen und zweifeln dürfen.

Diese Einsicht ist bescheiden und demütig. Doch es braucht Mut, sich dem Nichtwissen zu stellen. Zuzugeben, dass wir eigentlich nichts von Gott wissen. Doch genau das ist Advent: den kleinen Gott unserer Wünsche und Vorstellungen fahren lassen, damit der grössere Gott, den wir nicht kennen, in unser Herz einziehen kann.

Abraham – das bist du!

„Und Gott sprach zu Abraham: Geh aus deinem Land und aus deiner Verwandtschaft und aus dem Haus deines Vaters in das Land, das ich dir zeigen werde." (Gen 12,1)

Menschen sträuben sich oft gegen Veränderungen in ihrem Leben. Doch wie alles Lebendige, so müssen auch Menschen wachsen und reifen. Und so ist der Mensch immer wieder herausgefordert, Altes und Vertrautes abzulegen, um Neues zu entdecken und weiterzukommen im Leben.

Einer, der weitergekommen ist, ist Abraham.

Abraham vernimmt den Ruf, sich auf den Weg zu machen. Er verspürt den Drang, einen Weg zu gehen. Der Weg, den er geht, ist ein äusserer Weg, aber auch ein innerer Weg. Ein Weg des Herzens. Ein Weg der Seele. Ein Weg zu sich selbst.

Abraham bricht auf. Er lässt Vergangenes zurück und öffnet sich dem Unbekannten. Er löst sich aus alten Bindungen und Gewohnheiten. Nicht dass diese Bindungen und Gewohnheiten schlecht wären. Doch das Leben drängt vorwärts und will sich entfalten.

Abraham weiss: Wer mit dem Fluss des Lebens geht, lebt.

Das Gegenbild zu Abraham ist Lots Frau. Als Schwefel und Feuer auf Sodom und Gomorrha fallen, schaut sie zurück und erstarrt zur Salzsäule. Lots Frau verweigert den Weg ins Unbekannte. Sie ist auf die Vergangenheit fixiert. Darum bleibt sie auf ihrem Weg stecken und kommt nicht weiter.

Lots Frau vergisst: Wer sich gegen den Fluss des Lebens stemmt, verfehlt das Leben.

Gleich verhält es sich mit dem Glauben.

Es gibt einen Glauben, der mit dem Fluss des Lebens geht. Und es gibt einen Glauben, der sich gegen den Fluss des Lebens stemmt.

Der Glaube, der mit dem Fluss des Lebens geht, verzichtet auf unveränderliche Glaubenswahrheiten. Glaube und Wahrheit stehen nicht ein für alle Male fest. Sie ergeben sich aus den Vollzügen des Lebens.

Dieser Glaube traut dem Leben. Darum ermutigt er Menschen dazu, selbst Antworten auf die Sinnfragen des Lebens zu suchen.

Anders der Glaube, der sich gegen den Fluss des Lebens stemmt. Dieser Glaube besteht auf fest gefügten Glaubenswahrheiten, die man glauben muss.

Dieser Glaube misstraut dem Leben. Darum bevormundet er Menschen und schreibt ihnen vor, welchen Weg sie zu gehen haben.

Doch menschliche Erfahrung zeigt: Das Leben ist grösser, reicher und tiefer als jeder lehrhaft verfestigte Glaube. Und so kommt es im Leben eines Menschen oft auch zu einem Wandel im religiösen Denken und Empfinden.

Wenn es also Zeit ist, Abschied zu nehmen von Glaubensformen, die nicht mehr tragen in unserem Leben, dann sollten wir den Mut dazu haben und weitergehen.

Wenn es Zeit ist, Glaubensvorstellungen hinter uns zu lassen, weil sie uns nicht mehr weiterbringen in unserer persönlichen Entwicklung, dann sollten wir den Mut dazu haben. Wir sollten den Mut dazu haben, denn sonst verpassen wir uns selbst und auch Gott in uns, der mit uns wachsen möchte.

Wie im Leben, so kann der Mensch auch im Glauben wachsen und reifen. Und wie im Leben, so kann der Mensch auch im Glauben weiterkommen.

Einer, der weitergekommen ist, ist Abraham.

Abraham macht sich auf den Weg. Er bricht auf und begegnet dem, was kommt, mit vertrauensvoller Offenheit. Diese Offenheit im Leben und im Glauben – das ist Advent!

Und so ist die Geschichte von Abraham nicht nur ein Gleichnis für unseren eigenen Lebens- und Glaubensweg, sondern auch eine Adventsgeschichte. Eine Adventsgeschichte, die dir die Frage stellt: Möchtest nicht auch du ein Advents-Mensch sein?

Ihr seid das Licht der Welt

„Ihr seid das Licht der Welt." (Mt 5,14)

Adventszeit.

Die Zeit, in der Dunkelheit und Licht miteinander ringen. Die Zeit, in der die Nächte lang und die Tage kurz sind. Die Zeit aber auch, in der wir jeden Sonntag eine neue Kerze entzünden.

Advent – Zeit des Lichts.

Es gibt ein schönes Licht-Wort. Es steht im Matthäusevangelium. Es lautet: „Ihr seid das Licht der Welt."

Die Eigenschaft von Licht ist es, zu leuchten und zu erhellen. Licht, wie zum Beispiel Kerzenlicht, vermag in uns auch ein Gefühl von Wärme und Geborgenheit zu erzeugen. Licht brauchen wir aber auch zum Leben. Es belebt Körper und Geist.

Von Licht reden wir auch im übertragenen Sinn. Mit Licht verbinden wir Glück, Heiterkeit und Wohlergehen. Darum drücken wir das Gute, das wir einander wünschen, oft mit einem Licht, zum Beispiel einer Kerze, aus.

„Ihr seid das Licht der Welt." Wie also ist das gemeint?

Ganz einfach.

Miteinander feiern. Miteinander lachen. Miteinander trauern. Anteil nehmen an dem, was um uns herum geschieht.

Einander zuhören. Voneinander erzählen. Aufeinander zugehen. Den kleinen Dingen des Alltags Beachtung schenken.

Das sind Zeichen, mit denen wir unser Licht leuchten lassen. Einfache und unspektakuläre Weisen, mit denen wir uns und anderen zum Licht werden.

„Ihr seid das Licht der Welt.“

Es gibt noch eine andere Deutung. Bei dieser steht Licht nicht für lichtvolles Tun, sondern für Einsicht und Erleuchtung.

Wie das?

Advent ist nicht nur die Zeit des Wartens. Advent ist auch die Zeit des Erwachens. Die Zeit, in der uns aufgehen kann, was wir an Weihnachten feiern. Die Zeit, in der wir die Wirklichkeit neu sehen lernen können. Advent – Zeit der Einsicht und des Erwachens.

Wie kann das geschehen?

Indem uns bewusst wird, dass wir aus demselben Licht geboren sind wie Jesus. Indem wir zur Einsicht kommen, dass wir nicht nur Menschen aus Fleisch und Blut sind, sondern Licht vom wahren Licht. Nicht nur Jesus ist das Licht der Welt. Auch wir sind das Licht der Welt. Gott leuchtet auch in uns.

Der Spruch von Angelus Silesius bringt es auf den Punkt:

> Weil ich das wahre Licht,
> so wie es ist, soll sehn,
> so muss ich’s selber sein,

sonst kann es nicht geschehn.[3]

Möge dieses Licht uns immer wieder aufgehen. Und mögen wir immer wieder in diesem Licht wirken und in diesem Licht zur Ruhe kommen: Licht erfüllt, lichtvoll.

„Ihr seid das Licht der Welt."

Möchtest nicht auch du ein Licht-Mensch sein?

---

[3] Vgl. W. Jäger (Hg.), Geh den inneren Weg. Texte der Achtsamkeit und Kontemplation, [4]2000, 131.

Vom Sinn des Weihnachtsfestes

Kein kirchliches Fest ist so sehr mit Hoffnungen und Erwartungen verbunden wie das Weihnachtsfest. In keiner Jahreszeit ist die Sehnsucht nach Frieden und einer Welt ohne Schmerz und Leid so gross wie in der Advents- und Weihnachtszeit.

Wie in anderen Religionen, so werden auch im Christentum solche Hoffnungen und Sehnsüchte an der Geburt eines Heilsbringers festgemacht: der Geburt Jesu. Von ihm heisst es im Johannesevangelium, er sei das Licht der Welt. (Joh 8,12)

Doch seltsam: Mit dem Kommen des Lichts in die Welt ist nicht einfach alles anders geworden. Damals nicht und auch heute nicht. Die Welt nach Jesus ist nicht friedlicher, schmerz- und leidloser als die Welt vorher.

Die Frage stellt sich: Was ist der Sinn des Weihnachtsfestes? Was genau feiern wir an Weihnachten?

Ein Weiser wurde gefragt, wo er Gott begegnet sei. Seine Antwort lautete: „Zuerst suchte ich ihn in den Moscheen der Moslems, doch da war er nicht. Dann ging ich in die Synagogen der Juden. Auch hier traf ich ihn nicht an. Nun suchte ich ihn in den Kirchen der Christen. Aber hier war er auch nicht. Zuletzt ging ich in die Pagoden der Hindus und in die Tempel der Buddhisten. Aber Gott fand ich dort nicht. Dann wandte ich meinen Blick nach innen und schaute in mein Herz. Dort begegnete ich Gott.“[4]

Diese Geschichte liefert uns den Schlüssel für ein tieferes Verständnis des Weihnachtsfestes. Und sie hilft uns zu verstehen, was Jesus als Licht der Welt bedeutet. Jesus ist das Licht der Welt, weil er Gott in seinem Herzen trägt. Doch

[4] Nach B. Imhof, Wahrheit und Weisheit. Symbolgeschichten, 1995, 184.

nicht nur Jesus trägt Gott in seinem Herzen. Auch wir tragen Gott in unserem Herzen. Gott wohnt auch in uns.

Auf das Weihnachtsfest bezogen, bedeutet das: An Weihnachten feiern wir nicht nur die Geburt Jesu, sondern auch unsere eigene Geburt aus Gott. Wie Jesus, so sind auch wir Gottgeborene!

Das zu erkennen, ist der tiefere Sinn des Weihnachtsfestes. Wem das aufgeht, für den ist immer und überall Weihnachten.

Unterwegs

Ein Stern, der selbst den Sonnenball
an Glanz und Feuer überstrahlt,
verkündet aller Welt,
dass Gott im Fleisch erschienen ist.[5]

Das ist die Geschichte vom Vertrauenden, vom Zweifler und dem Neugierigen. Die Geschichte von Menschen, die unterwegs sind.

Begleiten wir sie ein Stück weit! Hören wir, was sie bewegt auf ihrer Reise!

Die Reise ist anstrengend. Die drei sind erschöpft. Die Stimmung ist gedrückt. Das Ziel noch nicht erreicht.

Das Ziel! Nach ihren Berechnungen müssten sie schon längst am Bestimmungsort angekommen sein. Doch jetzt sind sie müde. „Kommt, wir wollen essen und ausruhen! Kommt, wir wollen uns setzen!" Die drei setzen sich, teilen das Brot und lassen den Becher mit Wein kreisen. Schweigen legt sich über die Runde.

Endlich beginnt der Neugierige zu sprechen: „Was haben wir nicht alles erlebt auf unserer Reise! Menschen und ihre Hoffnungen und Sehnsüchte. Menschen und ihre Ängste und Nöte. Menschen und ihre Freude und ihr Leid. Fremdes und Vertrautes. Neues und Ungewohntes. Und ich sage euch: Oft habe ich mich dabei dem Ziel ganz nahe gefühlt. Immer wieder habe ich das gespürt."

Die andern schweigen. Still verzehren sie das Mahl und fühlen nach dem Stern.

---

[5] Vgl. A. Adam, Te Deum laudamus. Grosse Gebete der Kirche. Lateinisch – Deutsch, 1987, 99.

Ein Stern, der selbst den Sonnenball
an Glanz und Feuer überstrahlt,
verkündet aller Welt,
dass Gott im Fleisch erschienen ist.

Da hebt der Zweifler an: „Hätten wir uns doch nie auf den Weg gemacht! Hätten wir uns doch nie auf dieses Unterfangen eingelassen! Und der Stern – nichts als ein Trugbild! Immer ist er da und verspricht das Ende der Reise – doch ans Ziel hat er uns bisher nicht gebracht! Ich weiss nicht, was ich denken soll. Vielleicht ziehe ich nur noch aus lauter Gewohnheit mit. Ich weiss es nicht, doch trotz allem – bei euch geht es mir gut."

Nach einer Weile beginnt der Vertrauende zu sprechen: „Wisst ihr noch, wie wir das Erscheinen des Sterns gedeutet haben: Grosses soll mit den Menschen geschehen? Das gab uns den Mut, aufzubrechen. Das bewahrte uns vor Resignation, wenn wir den Weg verfehlten. Das gab uns die Kraft, immer weiterzugehen. Und jetzt – aufgeben? Nein, wir würden uns selbst untreu. Ist es nicht unsere Bestimmung, dem Stern zu folgen?"

Mittlerweile ist es dunkel geworden. Die Nacht bricht herein. Und wieder lockt der Stern.

Ein Stern, der selbst den Sonnenball
an Glanz und Feuer überstrahlt,
verkündet aller Welt,
dass Gott im Fleisch erschienen ist.

Die drei brechen auf und machen sich auf den Weg. Bald entschwinden sie in der Ferne. Der Vertrauende, der Zweifler und der Neugierige.

Die drei, die da unterwegs sind – das sind wir! Vertrauend, zweifelnd, neugierig sind auch wir unterwegs: Männer, Frauen, Kinder.

Die Geschichte sagt aber noch mehr. Sie zeigt uns: Weihnachten ist dort, wo Menschen auf der Suche sind nach dem Stern in sich selbst, und sie erinnert uns daran, dass Gott auch in dir zur Welt kommen möchte. Oder wie der Mystiker Angelus Silesius sagt:

> Und wär das Kind wohl tausendmal in Bethlehem
> geboren,
> und nicht in dir,
> du bliebest
> ewiglich verloren.[6]

Darum: Folge auch du deinem Stern, dem Göttlichen in dir, der Sehnsucht nach Sinn, Halt und Geborgenheit in deinem Leben!

---

[6] Vgl. D. Steinwede (Hg.), Das Kind in der Krippe, das von Weihnachten erzählt. Geschichten und Gedichte, 1998, 95.

Die drei Augen der Erkenntnis

Wie viele Augen hat der Mensch?

Drei Augen hat der Mensch.

Halt, werden Sie sagen, der Mensch hat doch nur zwei Augen!

Stimmt. Sie haben recht, wenn Sie an die Augen im Kopf denken.

Doch ich meine etwas anderes.

Ich meine nicht die Augen des Körpers, sondern die Augen der Erkenntnis.

Die Vorstellung von drei Augen der Erkenntnis ist alt. Wir finden sie in der Weisheit, in der Religion, aber auch in der Philosophie.

Die drei Augen der Erkenntnis sind: das Auge des Fleisches, das Auge des Geistes, das Auge der Kontemplation.

Das Auge des Fleisches. Das ist das Auge, mit dem ich zum Beispiel einen Stein erforsche. Hier sind es die Sinne oder ihre Verlängerungen wie Mikroskop oder Teleskop, mit deren Hilfe ich Erkenntnis gewinne. Nur mit dem sinnlichen Auge kann ich einen Stein wirklich erforschen und herausfinden, aus welchem Gestein er besteht.

Das Auge des Geistes. Das ist das Auge, mit dem ich zum Beispiel nach der Bedeutung eines Textes suche. Hier ist es der Verstand und seine Mittel, mit deren Hilfe ich Erkenntnis gewinne. Nur mit dem rationalen Auge kann ich einen Text wirklich untersuchen und herausfinden, was sein Sinn ist.

Das Auge der Kontemplation. Das ist das Auge, mit dem ich die Göttlichkeit der Welt wahrnehme. Hier sind es die Bewusstseinsebenen jenseits des Verstandes, mit deren Hilfe ich Erkenntnis gewinne. Nur mit dem spirituellen Auge kann ich das Göttliche wirklich schmecken und entdecken, dass Gott und Welt im Tiefsten eins sind.

Alle drei Augen kommen auch in der Bibel vor.

Das Auge des Fleisches, das Auge der sinnlichen Erkenntnis, die auf Beobachtung beruht. Denken wir an die Feststellung des Psalmdichters, dass die Gebirge den Steinböcken gehören und die Felsen den Klippdachsen Zuflucht bieten. (Ps 104, 18)

Doch auch das Auge des Geistes, das Auge der rationalen Erkenntnis, die auf Interpretation beruht, kommt in der Bibel vor. Denken wir an den Streit Jesu mit den Pharisäern über die Frage, ob es erlaubt sei, dem Kaiser Steuern zu geben oder nicht. (Mk 12,13-17)

Schliesslich das Auge der Kontemplation, das Auge der spirituellen Erkenntnis, die auf unmittelbarer religiöser Erfahrung beruht. Denken wir an das mystische Erlebnis des Paulus, der berichtet, wie er in den dritten Himmel entrückt wurde.
(2 Kor 12,1-4)

Wenn es etwas gibt, was typisch ist für die Religion, dann ist es das Auge der Kontemplation. Dieses Auge ist die besondere Stärke der Religion. Mit diesem Auge sehen weder die Naturwissenschaften noch die Geisteswissenschaften.

Von Jesus heisst es, dass er sich gern an einsame Orte zurückzog, um ungestört beten zu können. (Mt 14,23; Mk 1,35) Heute würden wir sagen: Jesus zog sich zurück, um zu meditieren und zu sich selbst zu kommen. Die Erfahrung der Stille, nicht nur der äusseren Stille, sondern auch der Stille in einem selbst, ist eine kraftvolle Quelle der Einsicht. Wer aus dieser Quelle schöpft, wird näher an den Grund des Lebens herangeführt: die Erfahrung Gottes im Herzen!

Das Auge der Kontemplation ist die besondere Stärke der Religion. Für die Kirchen wird es darum in Zukunft eine wichtige Aufgabe sein, Menschen zu ermutigen und anzuleiten, mit allen drei Augen sehen zu lernen.

Drei Augen hat der Mensch.

Drei Augen braucht der Mensch, um ganz Mensch zu sein.

Von der Stille

Still sitzen, nichts tun
und die Früchte wachsen von alleine.

Die Erfahrung der Stille, nicht nur der äusseren Stille, sondern auch der inneren Stille, ist eine grosse Quelle der Einsicht.

Wenn es etwas gibt, was typisch ist für die Religion, dann ist es die Erfahrung der Stille. Alle Religion ist aus der Erfahrung der Stille geboren.

Erfahrung der Stille wird auch von Jesus berichtet. Immer wieder zieht er sich in die Stille zurück, um zu sich selbst zu kommen. (Mt 14,23; Mk 1,35) Was er dabei erfährt, ist das Einssein mit dem göttlichen Urgrund.

Still sitzen, nichts tun
und die Früchte wachsen von alleine.

Solche Erfahrungen, wie sie von Jesus berichtet werden, können auch wir machen.

Doch viele Menschen sind die Stille nicht gewohnt. Sie haben Mühe, die äussere Stille auszuhalten. Und sie haben Angst davor, sich auf die innere Stille einzulassen. Unsere Unsicherheit im Umgang mit der Stille zeigt sich auch an unserem Umgang mit der Religion. Normalerweise ist dieser nicht durch die Stille, sondern durch das Denken geprägt.

Doch tiefe religiöse Erfahrungen geschehen nicht im Denken, sondern in Erfahrungen, die über unser Alltagsdenken hinausgehen. Die Stille ist ein Tor zu solchen Erfahrungen.

Still sitzen, nichts tun
und die Früchte wachsen von alleine.

Versuche es selbst! Geh in die Stille! Lass die Stille in deinen Körper und in deinen Geist!

Wenn du regelmässig in die Stille gehst, kann in dir etwas wachsen, was dich ruhiger und gelassener macht. Wenn du ganz still bist, gewinnt dein Leben eine tiefere Identität.

Still sitzen, nichts tun
und die Früchte wachsen von alleine.

Die Erfahrung der Stille ist die besondere Stärke der Religion. Wer aus dieser Quelle schöpft, ist näher am Grund des Lebens. Wer sich auf die Stille einlässt, dem wird die Welt durchsichtiger, transparenter auf Gott hin.

Der Mystiker Angelus Silesius sagt es so:

Gott tut im Heil'gen selbst
all's, was der Heil'ge tut,
Gott geht, steht, liegt, schläft, wacht,
isst, trinkt, hat guten Mut.[7]

Erfahrung der Stille bedeutet, sich mehr und mehr als Ausdruck dieser Urwirklichkeit zu erfahren, die wir Gott nennen.

Wollen wir uns mit weniger begnügen?

---

[7] Vgl. W. Jäger (Hg.), Geh den inneren Weg. Texte der Achtsamkeit und Kontemplation, ^{4}2000, 129.

Der Mensch denkt und Gott lenkt

„Das Herz des Menschen plant seinen Weg, aber Gott lenkt seinen Schritt.“ (Spr 16,9)

Sie kennen das: Sie planen eine Reise. Sie wählen das Reiseziel und legen die Reiseroute fest. Sie berechnen die Zeit, die Sie brauchen, um ans Ziel zu gelangen. Sie haben die Sache im Griff. Doch dann passiert es: Das Auto lässt sich nicht starten. Die Batterie ist leer. Sie können die Reise nicht antreten. Etwas ist dazwischen gekommen.

Sie kennen auch das: Jemand macht Pläne für das Leben nach der Pensionierung. Er überlegt sich, wie er den neuen Lebensabschnitt gestalten möchte. Er freut sich darauf: vorbei die langen Arbeitstage, vorbei die Last der Verantwortung, die das Berufsleben mit sich bringt. Doch dann: Eine Krankheit. Seine Pläne werden durchkreuzt.

Diese Beispiele zeigen uns: Wir können zwar planen, aber die Verwirklichung unserer Pläne ist ungewiss.

Im Grunde wissen wir das. Doch gewöhnlich sind wir uns dessen zu wenig bewusst. Wir rechnen nicht damit, dass unsere Pläne scheitern könnten. Ein Leben voll Unsicherheit und Ungewissheit – damit umzugehen, fällt uns schwer.

Wir sind Wesen, die planen. Wir sind aber auch Wesen, die nach Erklärungen suchen. Nicht nur nach natürlichen und wissenschaftlichen, sondern auch nach religiösen. Darum deuten Menschen Krankheit zum Beispiel als Strafe Gottes oder die Bewahrung in einer Gefahr als göttliche Fügung. Wir konstruieren Zusammenhänge, die uns einleuchten. Wir möchten, dass alles eine erkennbare, eindeutige Ursache hat. Wir fragen nach dem Sinn in dem, was geschieht. Wir sind gleichsam süchtig nach Sinn.

Das bringt uns zu den Gottesbildern hinter unseren Erklärungsversuchen. Gott lenkt – meint das, dass alles vorherbestimmt ist? Dass alles nach einem festen Plan verläuft? Dass wir Menschen eine Art Marionetten sind?

Ich denke nein. Das sind viel zu starre und mechanische Vorstellungen. Die Wirklichkeit, die wir Gott nennen, ist keine Maschine, die stur ihr Programm laufen lässt. Kein Ding, das wir zerlegen und analysieren können. Kein übermenschliches Wesen, von dem wir wissen, wie es funktioniert.

Was Gott ist, lässt sich nicht definieren und begrifflich festlegen. Aussagen über Gott sind stets Grenzaussagen. So auch die Vorstellung, dass Gott lenkt.

Der Mensch denkt und Gott lenkt.

Wie also sollen wir das verstehen?

Vieles in unserem Leben bleibt unerklärlich, und unser Schicksal ist uns oft ein Rätsel. Wir fühlen uns fremd und verloren in der Welt. Doch manchmal kommen wir in Einklang mit einer Wirklichkeit, die uns umfasst. Wir fühlen uns gehalten und geborgen und wir spüren – es gibt ein Ganzes, einen grossen Zusammenhang, in dem wir aufgehoben sind.

Diese Erfahrung drückt der Mystiker Angelus Silesius so aus:

> Die Gottheit ist ein Brunn',
> aus ihr kommt alles her,
> und läuft auch wieder hin.

Drum ist sie auch ein Meer.[8]

Brunn' und Meer – das sind Bilder, die auf eine Wirklichkeit verweisen, die im Fluss ist. Bilder, die eine Ganzheit ausdrücken, in die wir eingebettet sind. Bilder, die eine heilsame Wirkung entfalten, wenn wir uns auf sie einlassen. Hier wird uns kein Maschinen-Gott gezeigt, sondern ein Gott, der fliessend und geschmeidig ist wie Wasser.

Sich mit einem solchen Gott verbinden, mehrt das Leben.

---

[8] Vgl. W. Jäger (Hg.), Geh den inneren Weg. Texte der Achtsamkeit und Kontemplation, [4]2000, 125.

Wer hat, dem wird gegeben

„Wer hat, dem wird gegeben werden." (Mk 4,25)

Sie kennen diesen Spruch. Vermutlich haben sie ihn schon oft gehört. Wenn es um Geld und Gewinn geht, macht er schnell die Runde. Die populäre Version lautet: Die Reichen werden immer reicher, die Armen immer ärmer.

Ein Blick auf die Welt scheint das zu bestätigen: Wer hat, dem wird tatsächlich gegeben. Wer ein Vermögen hat, der kann es leicht vermehren. Wer dagegen nichts hat, hat nichts zu vermehren. Oft verliert er noch das wenige, das er hat.

Das biblische Wort scheint dem zuzustimmen. Vollständig lautet es nämlich so: „Wer hat, dem wird gegeben werden; und wer nicht hat, dem wird auch das genommen werden, was er hat."

Ist das nicht ein Plädoyer für die Starken und Mächtigen? Oder sind diese Worte bloss eine nüchterne Aussage über das Funktionieren der Welt?

Der Spruch zeigt exemplarisch, wie verschieden Worte verstanden werden können. Denn je nach Zusammenhang, kann man Worte so oder so verstehen. Der Volksmund jedenfalls hat das biblische Wort auf Wohlhabende und Habenichtse bezogen.

Doch stimmt das? Ist das der tiefere Sinn dieses Spruchs?

Der Spruch meint etwas anderes. Das zeigt der Zusammenhang, in dem er steht.

Nicht um materielle Dinge geht es, nicht um Geld, Gewinn und Vermögen – um das Leben geht es, um die Art und Weise, wie ich das Leben lebe und verstehe.

Ein Beispiel: Ein Mensch der ständig schwarz-weiss malt, ein Mensch, der Menschen und Dingen mit Misstrauen begegnet, ein Mensch, der mit negativen Vorurteilen durchs Leben geht – was geschieht mit ihm? Er beschneidet sich. Er verkümmert – wie eine Pflanze, die zu wenig Licht und Wasser hat. Die Fülle der Möglichkeiten, die das Leben bereithält, nimmt er nicht wahr. Auf ihn trifft das Wort der grossen spanischen Mystikerin Teresa von Avila zu: Wer nicht wächst, schrumpft!

Wie anders der Mensch, der dem Leben vertrauensvoll begegnet. Wie anders der Mensch, der unvoreingenommen und mit offenen Sinnen durchs Leben geht. Einem solchen Menschen steht die Welt buchstäblich offen. Er ist wie eine Blume, die wächst und sich entfaltet. Bin ich ein solcher Mensch, kann ich reichen existentiellen Gewinn machen. Das Leben mehrt sich.

Je nach dem also, wie ich mit dem Leben, mit der Welt, mit dem, was mich umgibt, in Resonanz trete, wachse oder schrumpfe ich.

Neben dem existentiellen Wachsen und Schrumpfen gibt es auch das spirituelle Wachsen und Schrumpfen.

Auch hier spielt die Resonanz eine entscheidende Rolle. Ein Gottesbild, das dogmatisch und eng ist, lässt mich spirituell schrumpfen. Es wird der Fülle der Wirklichkeit nicht gerecht. Ein solches Gottesbild gleicht jemandem, der behauptet, dass es nur eine einzige Sorte Rosen gibt. Ein Gottesbild dagegen, das offen und im Fluss ist, bringt reichen spirituellen Gewinn.

„Wer hat, dem wird gegeben werden."

Was also zeigt uns der Spruch? Er ermuntert uns dazu, das eigene Lebenspotential zu entdecken und zu leben und so reichen Lebensgewinn zu machen.

Ein Herz und eine Seele sein

„Die ganze Gemeinde war ein Herz und eine Seele.“ (Apg 4,32)

Sie kennen das: Ein Paar, das zueinander passt. Gestalt und Aussehen, die Art, wie sie miteinander umgehen, die Art, wie sie miteinander reden, die Art, wie sie einander ansehen, Gestik, Wortwahl, Blicke – all das vermittelt Ihnen den Eindruck: diese beiden sind ein Herz und eine Seele.

Sie kennen auch das: Eine Familie, die einen guten Zusammenhalt hat, in der sich alle mögen, die ein stimmiges Ganzes bildet. Keiner steht am Rand. Keiner kommt zu kurz. Und wenn sie von gemeinsamen Erlebnissen erzählen, schwärmen sie wie ein Herz und eine Seele.

Ein Herz und eine Seele sein.

Was steht eigentlich hinter diesem Spruch? Was ist ursprünglich mit ihm gemeint?

Die Apostelgeschichte, aus der er stammt, erzählt Folgendes: Die ganze Gemeinde war ein Herz und eine Seele, und nicht einer nannte etwas von dem, was er besass, sein Eigentum, sondern sie hatten alles gemeinsam.

Nicht von Paaren oder Familien ist hier die Rede, sondern vom Gemeinschaftsleben der ersten Christen. Weil sie alles gemeinsam hatten, waren sie ein Herz und eine Seele.

Ob das wirklich so war? Wohl kaum. Sicher gab es einzelne, die aufgrund ihres Glaubens teilten, was sie hatten, und auf materielle Güter verzichteten. Ihr Verhalten wurde zum Vorbild und prägte das Idealbild der Urgemeinde. Kein Wunder darum, dass man vom Liebeskommunismus des Urchristentums gesprochen hat.

Ein Herz und eine Seele sein.

Der Spruch kann auch anders verstanden werden. Er lässt sich auch auf andere Bereiche beziehen. Zum Beispiel auf die Natur. Wenn ich mit ihr verbunden bin, wenn ich mit ihr den richtigen Umgang pflege, wenn ich mit ihr und nicht gegen sie lebe – bin ich dann nicht ein Herz und eine Seele mit ihr?

Ein Stein wird zur Kostbarkeit. Eine Blume zum Wunder. Ein Tier zum geachteten Mitgeschöpf. Staunend nehme ich wahr: Ich bin Teil der Natur, und die Natur ist Teil von mir. Mein Herz schlägt im Rhythmus ihres Herzens, und ihre Seele berührt meine Seele.

Ein Herz und eine Seele sein.

Noch auf einen anderen Bereich lässt sich der Spruch beziehen.

Nicht nur im Zwischenmenschlichen und Ökologischen, auch im Spirituellen kann man ein Herz und eine Seele sein.

Sicher hast du das in besonderen Momenten deines Lebens auch schon gespürt. Sicher ist dir das auch schon aufgegangen in Augenblicken, in denen dir dein Leben klar und sinnvoll und gut erschien.

War da nicht gleichsam eine innere Stimme, die sprach: Gott ist die Quelle des Lebens, von der ich nicht getrennt bin, Gott ist mein Herz und meine Seele, in dem ich geborgen bin, Gott ist das Geheimnis der Welt, das mich umfasst und durchdringt?

Hörst du diese Stimme, kannst du mit Angelus Silesius ausrufen:

Ich bin nicht ausser Gott
und Gott nicht ausser mir.
Ich bin sein Glanz und Licht,
und er ist meine Zier.[9]

Ein Herz und eine Seele sein.

Möge dir das immer wieder geschenkt sein! Und möge dadurch dein Leben reich werden!

[9] Vgl. W. Jäger (Hg.), Geh den inneren Weg. Texte der Achtsamkeit und Kontemplation, [4]2000, 131.

Geben ist seliger als nehmen

„Geben ist seliger als nehmen." (Apg 20,35)

Sie kennen das: Sie möchten jemanden überraschen. Sie machen sich auf die Suche und finden ein passendes Geschenk. Die Überraschung gelingt. Die beschenkte Person freut sich. Sie freuen sich mit. Sie fühlen sich gut. Geben macht glücklich. Geben tut gut.

Aber nicht nur materielles Geben tut gut. Auch wenn wir Menschen ideell oder spirituell etwas geben, zum Beispiel durch einen hilfreichen Rat, durch ein tröstendes Wort oder einen inspirierenden Hinweis, tut uns das gut. In solchen Fällen geben wir etwas von uns selbst, von unserer Persönlichkeit, von unserem Leben.

Aber auch wenn wir jemandem etwas durch unser Tun geben, sei es durch unsere tatkräftige Hilfe oder sonst einen Liebesdienst, fühlen wir uns in der Regel gut.

Warum ist geben seliger als nehmen? Warum empfinden wir das so? Woher kommt das?

Hat es damit zu tun, dass geben einfacher ist als nehmen? Oder damit, dass geben als edler gilt?

Tatsache ist: Vielen Menschen fällt es leichter, zu geben als zu nehmen. Sie fühlen sich besser, wenn sie geben können. Geben ist für sie ein Zeichen der Stärke. Nehmen dagegen ein Zeichen der Schwäche und der Abhängigkeit.

Ein Beispiel: Hilfe zu beanspruchen, zum Beispiel bei der Bewältigung des Alltags, fällt vielen Mitmenschen schwer. Nur ungern nehmen sie sie in Anspruch. Lieber möchten sie unabhängig und nicht auf fremde Hilfe angewiesen sein. In solchen Situationen wird das Nehmen oft zur Last und gelingt nicht ohne weiteres.

Sie kennen aber auch das: Sie erhalten ein Geschenk. Sie packen es aus. Sie freuen sich. Ein Geschenk zu erhalten – das gefällt. Ein Geschenk anzunehmen – auch das kann glücklich machen.

Ist geben wirklich seliger als nehmen?

Worauf will ich hinaus? Zum Leben gehört beides: das Geben und das Nehmen. Wenn es zu einem Gleichgewicht zwischen beidem kommt, sind wir im Einklang mit dem Fluss des Lebens. Denn unser ganzes Leben ist im Grunde nichts anderes als eine stete Folge von geben und nehmen.

Treffend wird das in einem Gedicht von Conrad Ferdinand Meyer beschrieben, wo die verschieden grossen Schalen eines Brunnens das Wasser, das sie empfangen haben, im Überfliessen einander weitergeben: Jede nimmt und gibt zugleich.

Und wie steht es mit Gott? Was gilt hier?

Eingebettet in den grossen Zusammenhang, umgeben und durchdrungen von der einen Urwirklichkeit, die alles umfasst – was könnten wir Gott geben? Opfer in Form von Spenden, Gelübden, Verzicht oder Selbsterniedrigung?

Nein! Das wird dieser Wirklichkeit nicht gerecht. Hier gilt etwas anderes. Ich nehme das Leben, das mir gegeben ist, und danke. Ich nehme es als Geschenk und danke dafür, dass ich bin, und versuche etwas Gutes daraus zu machen, für mich und andere. Diese Haltung ist der göttlichen Wirklichkeit angemessen; sie ist demütig und bescheiden.

Geben ist selig, nehmen aber auch.

Selig sind wir, wenn uns beides gelingt: das Geben und das Nehmen. Mögen wir durch beides mehr Mensch werden!

Ostern – das bist du!

Wenn ich liege, dann sitze ich schon.
Wenn ich sitze, dann stehe ich schon.
Wenn ich stehe, dann gehe ich schon.
Wenn ich gehe, dann laufe ich schon.

Was hat das mit Ostern zu tun? Wenig!

Wenn ich liege, dann liege ich.
Wenn ich sitze, dann sitze ich.
Wenn ich stehe, dann stehe ich.
Wenn ich gehe, dann gehe ich.
Wenn ich laufe, dann laufe ich.

Was hat das mit Ostern zu tun? Viel!

Dazu folgende Geschichte.

„Überprüfe einmal deinen Tagesablauf", sagte der Weise zum Fremden. „Wenn du am Morgen aufwachst, planst du schon. Statt in Ruhe zu frühstücken, beschäftigst du dich mit der Fahrt ins Geschäft. Während du dort hinfährst, bist du in Gedanken schon bei der Arbeit. Am Morgen freust du dich auf den Feierabend. Am Abend wartest du auf den folgenden Tag. Zu Beginn der Woche sehnst du dich nach dem Wochenende. Und am Sonntag denkst du an die kommende Arbeitswoche."

„Und wie machst es du ?", fragte der Fremde den Weisen. „Wenn ich aufwache am Morgen, bin ich dankbar, dass mir ein neuer Tag geschenkt ist. Wenn ich mich an den Tisch setze, geniesse ich den Geschmack der Speisen. Wenn ich mich auf den Weg mache, betrachte ich neugierig, was mir begegnet. Mit meinem Ziel beschäftige ich mich erst, wenn ich dort angelangt bin. Ich lebe in der Gegenwart, ohne mich allzusehr darum zu sorgen, was gestern war und was morgen sein wird."[10]

Genau das ist Ostern!

Ostern – den Augenblick wahrnehmen.

Ostern – Hingabe ans Leben.

Ostern – Altes und Vergangenes loslassen können.

Unspektakuläres, Unscheinbares, gewiss.

Doch in all dem geht es um eine neue Sicht der Dinge. Um eine neue Sicht auf die Welt. Um eine neue Sicht auf Menschen, Tiere, Pflanzen, Steine und mich selbst. In all dem geht es um neu geschenkte Möglichkeiten, dem Leben tiefer, reicher, weiser zu begegnen.

Ostern – das ist mehr als die Erinnerung an ein Geschehen in ferner Vergangenheit.

Ostern – das bist du selbst!

Machen wir uns darum auf die Suche! Entdecken wir Ostern in unserem Leben! Entdecken wir, dass wir Menschen mehr Mensch sein können!

---

[10] Nach B. Imhof, Wahrheit und Weisheit. Symbolgeschichten, 1995, 106f.

Dein innerer Hirt

Der Herr ist mein getreuer Hirt,
nichts fehlt mir, er ist gut.
Weil er mich leitet und mich führt,
bleib ich in guter Hut.[11]

Bilder, die sich tief in unsere Seele eingeprägt haben: Der Hirt, der Wind und Wetter trotzt. Der Hirt, der Weg und Weide kennt. Der Hirt – eine Figur, die Sehnsucht und Vertrauen weckt.

Wie können wir diese Bilder verstehen?

Es gibt verschiedene Weisen religiöser Erfahrung. Um beim Bild des Hirten zu bleiben: Es gibt den äusseren Hirten und es gibt den inneren Hirten. Gott als äusseren Hirten und Gott als inneren Hirten.

Darum: Wach auf und horch tief in dich hinein – dein innerer Hirt begleitet dich!

Muss ich auch dunkle Wege gehen,
so fürchte ich mich nicht.
Gott will an meiner Seite stehn;
er gibt mir Zuversicht.

Deine Ängste, deine Sorgen – sie sind da. Kein Leben ohne Irrungen und Wirrungen. Kein Leben ohne Schmerz und Bedrängnis. Tief in dir innen bist du heil und ganz.

Darum: Wach auf und mach dich auf den Weg – dein innerer Hirt sorgt für dich!

---

[11] Vgl. Gesangbuch der Evangelisch-reformierten Kirchen der deutschsprachigen Schweiz, Lied 15.

Auf rechtem Pfade führst du mich,
bist bei mir Tag und Nacht.
Mein Herr und Hirt, ich preise dich
ob deines Namens Macht.

Die Sehnsucht nach Einklang mit dir selbst und der Welt, die Sehnsucht nach Einklang mit deinem Schicksal – wohnt sie nicht auch in dir? Was immer dir auch begegnen mag, im Einklang lebt es sich leichter. Dieser Einklang ist dir nicht fern. Es ist der eine Urklang, der auch in dir ertönen möchte.

Darum: Wach auf und bleib auf deiner Lebensspur – dein innerer Hirt schützt dich!

Du machst mir einen Tisch bereit,
stärkst mich mit Brot und Wein.
Durch meines ganzen Lebens Zeit
darf Gast bei dir ich sein.

Du bist in der Welt, und die Welt ist in dir. Du bist Teil des unermesslichen Kosmos, und der Kosmos ist Teil von dir. Wenn du atmest, atmest du Staub von Jahrmilliarden. Und in dir lebt das Leben von Jahrmillionen. Mit ihm bist du verbunden. Tisch, Brot und Wein will es dir sein.

Darum: Wach auf und erkenne dich selbst – dein innerer Hirt segnet dich!

Nur Huld und Güte folgen mir,
nichts fehlt mir, du bist gut.
Weil du mich leitest für und für,
bleib ich in guter Hut.

Der innere Hirt – das ist dein innerstes Inneres, dein ursprüngliches Selbst, das

Göttliche in dir, das dir Geborgenheit und Urvertrauen ist.

Diesen Hirten – hast du ihn nicht auch schon selbst verspürt? Vielleicht in der berührenden Stille der Natur? Vielleicht in Momenten des Glücks? Vielleicht sogar in tiefer Not und Verzweiflung?

Was seit Urzeiten in dir und in mir schlummert – ich sage es dir weiter mit dem Wort des Mystikers Angelus Silesius:

> Halt an, wo läufst du hin?
> Der Himmel ist in dir.
> Suchst du Gott anderswo,
> du fehlst ihn für und für.[12]

---

[12] Vgl. W. Jäger (Hg.), Geh den inneren Weg. Texte der Achtsamkeit und Kontemplation, [4]2000, 127.

Vom Sorgen

„Sorgt euch nicht um den morgigen Tag, denn der morgige Tag wird für sich selber sorgen. Jeder Tag hat genug an seiner eigenen Last." (Mt 6,34)

Es gibt Tage, die schmecken wie abgestandener Kaffee.

Es gibt Tage, da kommen wir nur mühsam voran.

Es gibt Tage, an denen empfinden wir das Leben als Last.

Es gibt verschiedene Möglichkeiten, mit den Sorgen umzugehen, die uns plagen. Eine liegt so nahe, dass wir sie leicht übersehen: Geistesgegenwart.

Geistesgegenwart.

Stell dir vor, du gehst einige Schritte. Mit welchem Schritt fängst du an? Mit dem letzten? Nein. Du kannst dich nur Schritt für Schritt bewegen. Den zweiten, den dritten, den vierten Schritt kannst du nicht vorwegnehmen. In diesem Moment machst du nur den Schritt, der gerade an der Reihe ist.

So ist es auch mit dem Sorgen. Schaust du zu weit voraus, wachsen die Sorgen. Bleibst du geistesgegenwärtig im Hier und Jetzt, werden die Sorgen erträglicher.

Geistesgegenwart.

Achte auf deinen Atem. Welchen Atemzug machst du gerade? Den von morgen? Nein. Du kannst nur Zug um Zug atmen. Den nächsten oder übernächsten Atemzug kannst du nicht vorwegnehmen. In diesem Moment machst du nur den Atemzug, der gerade an der Reihe ist.

So ist es auch mit dem Sorgen. Denkst du zu weit voraus, nehmen die Sorgen zu. Bleibst du geistesgegenwärtig im Hier und Jetzt, können die Sorgen nicht Besitz von dir ergreifen.

„Sorgt euch nicht um den morgigen Tag, denn der morgige Tag wird für sich selber sorgen. Jeder Tag hat genug an seiner eigenen Last.“

Es gibt Tage, die schmecken wie abgestandener Kaffee.

Es gibt Tage, da kommen wir nur mühsam voran.

Es gibt Tage, an denen empfinden wir das Leben als Last.

Darum, wenn die Tage kommen, an denen du ins Grübeln gerätst und Traurigkeit deine Seele bedrückt, sei geistesgegenwärtig.

Geh ein paar Schritte. Geh bewusst und gesammelt. Atme tief ein und aus. Atme bewusst und gesammelt. Verbinde dich mit der Luft, die durch deinen Körper strömt. Verbinde dich mit der Erde, die dich trägt. Schritt für Schritt. Atemzug um Atemzug.

Spürst du, wie du nach und nach ruhiger wirst? Und deine Sorgen – sind sie nicht kleiner geworden?

Vielleicht, dass jetzt sogar ein Lied aus deinem Herzen emporsteigt und dir neuen Lebensmut gibt:

> Ich lauschte dem Gesang des Vogels,
> da sah ich,
> dass ich lebe.

Ich schaute das frische Grün des Waldes,
da sah ich,
was Leben sein kann.

Ich atmete den Duft des Frühlings,
da sah ich,
dass auch ich ein Duft bin für die Welt.

So kann Leben sein: geistesgegenwärtig mitten in unserem Sorgen.

Ein Text, drei Auslegungen I

An drei Beispielen möchte ich zeigen, wie verschieden biblische Texte ausgelegt werden können. Dabei spielen das menschliche Bewusstsein und der damit verbundene Glaube eine wichtige Rolle. Was ich damit meine, zeige ich anhand einer dreifachen Auslegung einer Geschichte aus dem Neuen Testament.

Die Geschichte geht so.

Jesus ist unterwegs in Galiläa. Er und seine Jünger wandern von Dorf zu Dorf. Viele wollen Jesus sehen und reden hören. Doch jetzt sind seine Jünger müde. Mit dem Boot fahren sie an einen abgelegenen Ort. Sie wollen ausruhen. Doch man sieht sie wegfahren, und viele folgen ihnen.

Gegen Abend kommen die Jünger zu Jesus und sagen: Schick sie weg, damit sie sich in den Dörfern etwas zu essen kaufen. Er erwidert: Gebt ihr ihnen zu essen! Sie sagen: Wie sollen wir das tun? Da fragt er sie: Wie viele Brote habt ihr? Sie antworten: Fünf, und zwei Fische.

Dann fordert er sie auf: Sagt den Leuten, sie sollen sich ins Gras setzen! Und er nimmt die fünf Brote und die zwei Fische, blickt zum Himmel empor, spricht den Lobpreis, bricht die Brote und gibt sie den Jüngern, damit sie sie austeilen. Auch die zwei Fische teilt er unter alle. Und alle essen und werden satt.

Und sie sammeln die Reste der Brote ein, zwölf Körbe voll, und auch von den Fischen. Und es sind fünftausend Männer, die gegessen haben. (Mk 6,30-44)

Und nun die Auslegung.

Die Vermehrung von Brot und Fisch: ein Wunder! Und Jesus, der Brot und Fisch vermehrt: ein Wundertäter!

So steht es in der Bibel. Und die Bibel lügt nicht. Sie ist Gottes Wort. Und Gottes Wort sagt: Jesus kann heilen, Jesus kann über das Wasser gehen, Jesus kann Wasser in Wein verwandeln, Jesus kann Tote auferwecken und Brot und Fisch vermehren. Gottes Wort sagt auch: Jesus ist der Sohn Gottes. Darum kann er Wunder tun.

So steht es geschrieben. Und Gott lügt nicht. Darum: Prüfe deinen Glauben! Prüfe, wie stark er ist! Wie stark er ist, siehst du daran, ob du dem Wort Gottes traust. Wie stark er ist, erkennst du daran, ob du Gott treu bist.

Wahrer Glaube zweifelt nicht. Glaube und Zweifel – das schliesst sich aus wie Feuer und Wasser oder Himmel und Hölle. Darum: Zweifle nicht! Zweifle nicht an Gottes Wort! Vertrau ihm und halte dich an die Heilige Schrift! Halte dich an das, was sie von Jesus berichtet! Glaube daran, und du wirst gerettet werden!

Nimm die Geschichte von der Speisung der Fünftausend! Zeigt sie nicht, dass Jesus der Herr ist? Zeigt sie nicht, dass er für uns sorgt, indem er Wunder tut? Vertrau ihm und seiner Wunderkraft! Lobe und preise ihn! Lobe und preise Jesus Christus, den wahren Sohn Gottes, der Brot und Fisch vermehrt!

Die Auslegung, die ich vorgelegt habe, ist ein Beispiel für eine mythische Bibelauslegung. Mythisch bedeutet: Ich fasse den Bibeltext wörtlich auf. Mythisch ist dieses Glaubensbewusstsein, weil es die Aussagen der Bibel in einem konkreten Sinn versteht. Es gilt, was da steht. Und es gilt so, wie es da steht. Worte und Geschichten der Bibel werden nicht in einem übertragenen Sinn interpretiert.

Ein solcher Glaube ist nicht einfach abzulehnen. Man darf so glauben. Für viele Menschen ist diese Art zu glauben eine Hilfe, das Leben zu gestalten und ihm Sinn zu geben.

Doch was, wenn Menschen andere Lebenserfahrungen machen? Was, wenn Glaube und Bewusstsein sich wandeln? Ist es dann nicht ebenso gemäss, in neue Glaubens- und Bewusstseinsformen hineinzuwachsen?

Ein Text, drei Auslegungen II

An drei Beispielen möchte ich zeigen, wie verschieden biblische Texte ausgelegt werden können. Dabei spielen das menschliche Bewusstsein und der damit verbundene Glaube eine wichtige Rolle. Was ich damit meine, zeige ich anhand einer dreifachen Auslegung einer Geschichte aus dem Neuen Testament.

Heute lade ich Sie ein, an einem Gespräch teilzunehmen.

Es ist Donnerstagabend. Im Kirchgemeindehaus trifft sich eine Gruppe von Interessierten zum Bibelgespräch. Unter der Leitung der Pfarrerin wollen sie den Text diskutieren, den sie zu Hause gelesen haben. Zuvor jedoch liest jemand aus der Gruppe den Text vor. Herr Müller meldet sich.

Er liest: „Und die Apostel versammeln sich bei Jesus. Und sie berichteten ihm alles, was sie getan und gelehrt hatten. Und er sagt zu ihnen: Kommt, ihr allein, an einen einsamen Ort, und ruht euch ein wenig aus. Denn es war ein Kommen und Gehen, und sie hatten nicht einmal Zeit zum Essen.
Und sie fuhren im Boot an einen einsamen Ort, wo sie für sich waren. Aber man sah sie wegfahren, und viele erfuhren es. Und sie liefen zu Fuss aus allen Städten dort zusammen und kamen noch vor ihnen an. Als er ausstieg, sah er die vielen Menschen, und sie taten ihm leid, denn sie waren wie Schafe, die keinen Hirten haben. Und er fing an, sie vieles zu lehren.
Und als die Stunde schon vorgerückt war, traten seine Jünger zu ihm und sagten: Abgelegen ist der Ort und vorgerückt die Stunde. Schick die Leute in die umliegenden Gehöfte und Dörfer, damit sie sich etwas zu essen kaufen können. Er aber antwortete ihnen: Gebt ihr ihnen zu essen! Und sie sagen zu ihm: Sollen wir gehen und für zweihundert Denar Brote kaufen und ihnen zu essen geben? Er aber sagt zu ihnen: Wie viele Brote habt ihr? Geht und seht nach! Sie sehen nach und sagen: Fünf und zwei Fische. Und er forderte sie auf, sie sollten sich alle zu

Tischgemeinschaften niederlassen im grünen Gras. Und sie lagerten sich in Gruppen zu hundert und zu fünfzig. Und er nahm die fünf Brote und die zwei Fische, blickte zum Himmel auf, sprach den Lobpreis und brach die Brote und gab sie den Jüngern zum Verteilen, und auch die zwei Fische teilte er für alle. Und alle assen und wurden satt. Und sie sammelten die Brocken, zwölf Körbe voll, und auch die Resten von den Fischen. Und es waren fünftausend Männer, die gegessen hatten." (Mk 6,30-44)

„Danke Herr Müller." Die Pfarrerin wendet sich an die Gruppe und fragt: „Was ist Euch beim Hören durch den Kopf gegangen?"

Frau Ineichen beginnt: „So wie der Text erzählt wird, bekommt man fast den Eindruck, als sei ein Reporter dabei gewesen. Ich frage mich aber, ob wir den Text wirklich so lesen dürfen."

Frau Stocker fährt fort: „Ich denke, die Geschichte ist keine Reportage. Wir können sie nicht wortwörtlich verstehen. Zumindest das, was von Brot und Fisch gesagt wird, nicht. Fünf Brote und zwei Fische – das reicht doch niemals für so viele Leute, fünftausend, wie es heisst. Das gibt es einfach nicht!"

Herr Müller ergreift das Wort: „Aber so steht es geschrieben. Müssen wir den Text nicht so nehmen, wie er dasteht? Schliesslich ist die Bibel Gottes Wort. Und Gott kann doch Wunder tun! Und verfügt nicht auch Jesus als Sohn Gottes über besondere Kräfte?"

Frau Stocker schüttelt den Kopf: „Von einem Wunder ist doch gar nicht ausdrücklich die Rede, es wird ja gar keines geschildert. Es heisst nur: Alle assen und wurden satt, und übrig blieben zwölf Körbe mit Brot und Fisch."

Jetzt mischt sich die Pfarrerin in die Diskussion ein: „Ich denke, die Frage, ob Wunder ja oder nein ist wichtig. Doch vielleicht können wir uns noch von einer anderen Seite her dem Text nähern."

Der Theologiestudent Markus Krähenbühl äussert sich: „Wir haben viele Beobachtungen gemacht. Und wir haben gesehen, dass der Text nicht so simpel ist, wie es auf den ersten Blick scheint. Doch wie können wir die Geschichte von der Speisung der Fünftausend heute verstehen? Wir leben ja in einer hoch technisierten Welt, in der für einen naiven Wunderglauben eigentlich kein Platz ist."

Frau Ineichen antwortet: „Vielleicht geht es in dieser Geschichte gar nicht um die wundersame Vermehrung von Brot und Fisch, so als würde Jesus tatsächlich Brot und Fisch vermehren. Wenn das so ist, können wir die Geschichte dann nicht so verstehen, dass Menschen, die von der Botschaft Jesu ergriffen sind, anders handeln und keine Angst mehr davor haben, mit anderen zu teilen? Wäre nicht das das eigentliche Wunder? Alle tragen etwas dazu bei, keiner kommt zu kurz. Und so werden alle satt."

Die Pfarrerin blickt auf die Uhr. Die Zeit ist um. Sie dankt allen für das interessante Gespräch. Zuvor fasst sie das Gesagte kurz zusammen: „Wir haben versucht, uns ein Verständnis der Geschichte von der Speisung der Fünftausend zu erarbeiten. Die Geschichte als Wundergeschichte im üblichen Sinn zu verstehen, ist allerdings für die meisten von uns schwierig. Dennoch – es gibt Wunder. Wunder ereignen sich dort, wo bei Menschen Neues und Unerwartetes geschieht. In der Begegnung mit der Botschaft Jesu machen Menschen Erfahrungen, die ihr Leben verändern: Brot teilen, Fisch teilen, Leben teilen – Gott teilen. Und auch wir haben geteilt heute Abend: Wir haben unsere Gedanken und Fragen miteinander geteilt. So sind wir selbst Teil der Geschichte von der Speisung der Fünftausend geworden."

Die Auslegung, die ich vorgelegt habe, ist ein Beispiel für eine rationale Bibelauslegung. Rational bedeutet: Ich fasse den biblischen Text nicht primär wörtlich auf. Rational ist dieses Glaubensbewusstsein, weil es die Aussagen der Bibel mit unserem modernen Weltverständnis in Einklang zu bringen versucht. Es gilt, was da steht. Aber es gilt nicht unbedingt so, wie es da steht. Biblische Worte und Geschichten können auch in einem übertragenen Sinn interpretiert werden.

Doch was, wenn Menschen nochmals andere Lebenserfahrungen machen? Was, wenn Glaube und Bewusstsein sich nochmals wandeln? Ist es dann nicht gemäss, in diese neuen Glaubens- und Bewusstseinsformen hineinzuwachsen?

Ein Text, drei Auslegungen III

An drei Beispielen möchte ich zeigen, wie verschieden biblische Texte ausgelegt werden können. Dabei spielen das menschliche Bewusstsein und der damit verbundene Glaube eine wichtige Rolle. Was ich damit meine, zeige ich anhand einer dreifachen Auslegung einer Geschichte aus dem Neuen Testament.

Die Geschichte geht so.

Jesus ist unterwegs in Galiläa. Er und seine Jünger wandern von Dorf zu Dorf. Viele wollen Jesus sehen und reden hören. Doch jetzt sind seine Jünger müde. Mit dem Boot fahren sie an einen abgelegenen Ort. Sie wollen ausruhen. Doch man sieht sie wegfahren, und viele folgen ihnen.

Gegen Abend kommen die Jünger zu Jesus und sagen: Schick sie weg, damit sie sich in den Dörfern etwas zu essen kaufen. Er erwidert: Gebt ihr ihnen zu essen! Sie sagen: Wie sollen wir das tun? Da fragt er sie: Wie viele Brote habt ihr? Sie antworten: Fünf, und zwei Fische.

Dann fordert er sie auf: Sagt den Leuten, sie sollen sich ins Gras setzen! Und er nimmt die fünf Brote und die zwei Fische, blickt zum Himmel empor, spricht den Lobpreis, bricht die Brote und gibt sie den Jüngern, damit sie sie austeilen. Auch die zwei Fische teilt er unter alle. Und alle essen und werden satt.

Und sie sammeln die Reste der Brote ein, zwölf Körbe voll, und auch von den Fischen. Und es sind fünftausend Männer, die gegessen haben. (Mk 6,30-44)

Und nun die Auslegung.

Brot und Fisch.

Hast nicht auch du schon davon gegessen, und hast nicht auch du schon geahnt: Brot und Fisch sind nicht nur Brot und Fisch? Sie sind mehr als Brot und Fisch. Sie sind Nahrungsmittel und sie sind mehr als Nahrungsmittel.

Brot und Fisch. Für den, der tiefer sieht, sind sie nicht geistlose Materie, gottferne Dinge. Für den, der tiefer sieht, ist alles, vom Kleinsten bis zum Grössten, vom Floh bis zur Galaxie, aber auch Brot und Fisch vom Göttlichen durchdrungen. Alles ist Ausfluss der göttlichen Urwirklichkeit, die als Kósmos Gestalt annimmt.

Darum kann der Mystiker, die Mystikerin sagen: „Wenn du vergottet bist, so isst und trinkst du Gott. Und dies ist ewig wahr in jedem Bissen Brot."[13]

Jesus, der Brot und Fisch teilt.

Das ist mehr als Teilen von Brot und Fisch, mehr als Teilen von Nahrungsmitteln. Wenn Jesus Brot und Fisch teilt, zeigt er uns: Wirklich satt werden wir, wenn wir an Leib *und* Geist gespeist werden. Wirklich satt werden wir, wenn wir Anteil haben an der göttlichen Wirklichkeit. Wenn Jesus Brot und Fisch teilt, verbindet er uns mit dieser Wirklichkeit, die auch in uns Gestalt annimmt.

Jesus, der Brot und Fisch teilt, und alle werden satt.

Wer tiefer sieht, erkennt an dieser Geschichte, wer wir im Grunde unseres Wesens sind: Söhne und Töchter Gottes. Wie Jesus, so sind auch wir Gottgeborene.

Darum kann der Mystiker, die Mystikerin sagen: „Ich bin nicht ausser Gott, und Gott nicht ausser mir. Ich bin sein Glanz und Licht, und er ist meine Zier."[14]

---

[13] Vgl. W. Jäger (Hg.), Geh den inneren Weg. Texte der Achtsamkeit und Kontemplation, [4]2000, 132.
[14] Vgl. a. a. O., 131.

Die Auslegung, die ich vorgelegt habe, ist ein Beispiel für eine mystische Bibelauslegung. Mystisch bedeutet: Ich gehe über ein wörtliches und rationales Bibelverständnis hinaus. Mystisch ist dieses Glaubensbewusstsein, weil es die Aussagen der Bibel als Hinweise auf Tiefenerfahrungen von Wirklichkeit liest. Es gilt, was da steht. Aber es gilt in einem weit tieferen Sinn.

Gott, Welt und Mensch – sie gehören zusammen und lassen sich nicht trennen. Genau darum kann der mystische Mensch ausrufen: „Gott ist mein Geist, mein Blut, mein Fleisch und mein Gebein; wie soll ich dann mit ihm nicht ganz durchgottet sein?“[15]

Mögen auch wir mehr und mehr zu dieser Einsicht erwachen!

---

[15] Vgl. a. a. O., 134.

Vom Augenblick

Schweigend blüht eine Blume,
schweigend fällt sie herab.
In diesem Augenblick blüht sie vollendet,
erblüht die Ganzheit der Welt.
Das ist die Stimme der Blume,
die Wahrheit der Blüte.
Die Herrlichkeit ewigen Lebens
erstrahlt in Vollkommenheit hier.[16]

Was wäre, wenn wir voll und ganz im Augenblick leben könnten? Was wäre, wenn wir voll und ganz im Hier und Jetzt sein könnten? Spürten wir dann nicht den Hauch der Ewigkeit?

Sieh dich um!

Jetzt, in diesem Augenblick blüht die Blume. Jetzt, in diesem Augenblick singt der Vogel. Jetzt, in diesem Augenblick atmest du.

Nimm ein Kind!

Ein kleines Kind lebt von Augenblick zu Augenblick. Es denkt nicht an das, was noch nicht ist, und schaut nicht auf das, was gewesen ist.

Im Augenblick berühre ich das Geheimnis der Welt. Im Augenblick begegne ich der Fülle des Lebens.

Bin ich im Augenblick, bin ich wie die Blume: bin ein ganzes Blühen, bin ein ganzes

[16] Nach Z. Shibayama, Zen in Gleichnis und Bild. Eine Blume lehrt ohne Worte, 2000, 173.

Fallen, bin ganz im Einklang mit dem, was geschieht. Das ist Ewigkeit – pralle Gegenwärtigkeit!

Wenn der Mensch heranwächst, beginnt er den Augenblick zu vergessen. Die Welt wird zum Wort, und das Leben zum Begriff. Der Augenblick, in dem Welt und Leben neu aufleuchten, verschwindet hinter einem Strom von Gedanken und Vorstellungen.

Ein Schüler beklagte sich einst gegenüber seinem Zen-Meister: „Ihr verbergt das letzte Geheimnis des Zen vor mir."

Eines Tages machte der Meister mit ihm einen Spaziergang. Unterwegs hörten sie einen Vogel singen. „Hast du den Vogel singen hören?" fragte der Meister. „Ja", sagte der Schüler. „Also, nun weisst du, dass ich nichts vor dir verborgen habe."

Was will der Meister damit sagen? Er will sagen: Wenn du wirklich einen Vogel singen hörst, wenn du wirklich eine Blume siehst – weisst du jenseits von Worten und Begriffen.

Doch meist verpassen wir den Vogel und die Blume, verpassen die Fülle des Augenblicks, weil wir in Gedanken schon weiter sind und zum Beispiel an gestern Abend denken oder an die kommende Woche oder an die nächsten Ferien.

Wir Erwachsenen, die wir in Gedanken meist in der Vergangenheit oder der Zukunft leben, müssen den Augenblick neu entdecken.

Darum: Wenn du eine Blume betrachtest und eine Blume siehst, hast du in Wirklichkeit nicht die Blume gesehen, sondern einen Begriff. Wenn du aber eine Blume betrachtest und ein Wunder siehst, dann hast du wirklich eine Blume gesehen. Denn Wunder sieht man nur im Augenblick.

Schweigend blüht eine Blume,
schweigend fällt sie herab.
In diesem Augenblick blüht sie vollendet,
erblüht die Ganzheit der Welt.
Das ist die Stimme der Blume,
die Wahrheit der Blüte.
Die Herrlichkeit ewigen Lebens
erstrahlt in Vollkommenheit hier.

Schatzsuche

„Mit dem Himmelreich ist es wie mit einem Schatz, der im Acker vergraben war; den fand einer und vergrub ihn wieder. Und in seiner Freude geht er hin und verkauft alles, was er hat, und kauft jenen Acker.
Weiter: Mit dem Himmelreich ist es wie mit einem Händler, der schöne Perlen suchte. Als er aber eine besonders kostbare Perle fand, ging er hin, verkaufte alles, was er hatte, und kaufte sie."
(Mt 13,44-46)

Auf Schatzsuche wollen wir gehen. Nach der kostbaren Perle Ausschau halten.

Doch wo beginnen? Im Garten des Nachbarn? Im Juweliergeschäft an der Bahnhofstrasse?

Doch den Schatz, um den es geht, kannst du nicht in die Hand nehmen. Die Perle, nach der wir suchen, kannst du nicht um den Hals legen.

Darum: Suche nicht im Garten! Suche nicht beim Juwelier!

Der Schatz, um den es geht, ist kein gewöhnlicher Schatz. Der Schatz, von dem ich rede, ist ein innerer Schatz. Du selbst bist der Acker, in dem du diesen Schatz finden kannst. Du selbst bist der Ort, an dem du nach der Perle suchen sollst.

Was ist der Preis für diesen Schatz?

Bleibe nicht an der Oberfläche des Lebens! Spüre tief in dich hinein!

Geh in dich, und du wirst entdecken: Du bist mehr als dein Körper. Geh in dich, und wirst entdecken: Du bist mehr als deine Gefühle. Geh in dich, und du wirst entdecken: Du bist mehr deine Gedanken und dein Ich-Bewusstsein.

Geh in dich, bis es dir wie Schuppen von den Augen fällt: Der Schatz, die Perle – das bist du in der Tiefe deines Wesens!

Meister Eckhart, der grosse deutsche Mystiker, hat ein schönes Bild dafür. Das Bild von der Tür und der Angel. Er sagt: „Wenn nun die Tür auf- und zugeht, so bewegt sich das äussere Brett hin und her, und doch bleibt die Angel unbeweglich an ihrer Stelle und wird deshalb niemals verändert.“[17]

Das Türbrett – das ist der Mensch in Bewegung. Dein Körper, der sich bewegt. Deine Gefühle, die schwanken. Deine Gedanken, die kommen und gehen. Das Türbrett – das ist der äussere Mensch.

Die Angel – das ist der innere Mensch, der bei aller Bewegung in seiner Mitte ruht. Der Mensch, der um den Schatz in sich weiss. Der Mensch, der die kostbare Perle gefunden hat. Der Mensch im Frieden mit sich selbst und der Welt trotz allem, was um ihn herum geschieht.

„Mit dem Himmelreich ist es wie mit einem Schatz, der im Acker vergraben war; den fand einer und vergrub ihn wieder. Und in seiner Freude geht er hin und verkauft alles, was er hat, und kauft jenen Acker.
Weiter: Mit dem Himmelreich ist es wie mit einem Händler, der schöne Perlen suchte. Als er aber eine besonders kostbare Perle fand, ging er hin, verkaufte alles, was er hatte, und kaufte sie.“

---

[17] Vgl. L. Marti, Wie schnürt ein Mystiker seine Schuhe? Die grossen Fragen und der tägliche Kleinkram, [4]2005, 54.

Auf Schatzsuche lasst uns gehen. Nach dem Schatz des Lebens suchen. Denn wie sagt der andere Meister, der Meister aus Nazaret: „Siehe, das Reich Gottes ist inwendig in euch“? (Lk 17,21)

Von Gut und Böse

„Nicht das Gute, das ich will, tue ich, sondern das Böse, das ich nicht will, das treibe ich voran.“ (Rm 7,19)

Wieder einmal ist es an den Tag gekommen, was gut und was böse ist.

The good guys, das sind wir. *The bad guys*, das sind die anderen. Im Klartext: Amerika ist gut. Der Irak ist böse.

Doch stimmt das? Stimmt diese Einteilung der Welt wirklich?

Schauen wir genau hin, so sehen wir, dass der Gute den Bösen braucht und der Böse den Guten. Der Gute braucht den Bösen, weil er jemanden braucht, den er bekämpfen kann. Der Böse braucht den Guten, weil er jemanden braucht, dem er sich widersetzen kann. So sind beide, der Gute und der Böse, in ihrem Denken und Handeln aufeinander bezogen. Das Gute dient dem Bösen und das Böse dem Guten.

Schauen wir noch genauer hin, so sehen wir, dass niemand nur gut ist oder nur böse. Wir Menschen tragen beides in uns: das Gute und das Böse. George Bush hat nicht nur lichte Seiten, sondern auch Schattenseiten. Und Saddam ist nicht nur böse, sondern auch gut.

Fazit: Gut und Böse sind auf eigentümliche Weise ineinander verschlungen.

Doch warum tun Menschen Böses und leiden doch zugleich am Bösen?

Menschen sind vielfältig verstrickt. Verstrickt in ihre Lebensgeschichte, verstrickt in ihre Familiengeschichte, verstrickt in ihre Volksgeschichte. Verstrickungen aber bewirken, dass Menschen mit gutem Gewissen oft schlimme Taten vollbringen.

Serben töteten mit gutem Gewissen Bosnier, und Bosnier töteten mit gutem Gewissen Serben. Serben töteten Bosnier, weil diese einer anderen Volksgruppe angehörten. Bosnier töteten Serben, weil diese nicht zur eigenen Ethnie zählten.

Solche Verstrickungen zeigen, dass wir Menschen in unserem Tun nicht so frei sind, wie wir meinen.

Fazit: In uns Menschen wirken Kräfte, die wir mit dem blossen Verstand nicht erfassen können.

Ja, und Gott? Warum lässt er das Böse zu? Warum verhindert er nicht einfach das Böse und schafft das Gute?

Es gibt einen tiefsinnigen Spruch: „Gott lässt seine Sonne aufgehen über Böse und Gute und lässt regnen über Gerechte und Ungerechte." (Mt 5,45) Das bedeutet, Gut und Böse gehören zur Welt, wie das Geborenwerden und das Sterben zur Welt gehören. Eine Welt ohne das Böse gibt es nicht, so wie es eine Welt ohne den Tod nicht gibt.

Doch was ist mit Gott selbst?

Als Urgrund der Welt ist Gott vor Gut und Böse. Denn im Urgrund gibt es weder Gut noch Böse. Als Urkraft aber, die alles durchdringt, was ist, wird und vergeht, ist Gott inmitten von Gut und Böse. Denn Gott, das Göttliche, oder wie auch immer wir es nennen, ist nicht getrennt von der Welt der Erscheinungen, der Welt der Menschen, der Welt der Dinge, der Welt von Gut und Böse.

Fazit: In einer Welt des Werdens und Vergehens kann es keine Vollkommenheit geben.

Das Böse. Kaum etwas hat die Menschen zu allen Zeiten so stark beschäftigt wie die Frage nach dem Woher des Bösen.

Das Gute. Kaum etwas hat die Menschen zu allen Zeiten so sehr bewegt wie die Sehnsucht nach dem Guten.

Eingespannt in den Widerstreit von Gut und Böse, tun wir uns schwer mit beidem.

Darum wird es wohl immer Menschen geben, die die Welt in *good guys* und *bad guys* einteilen. Und darum wird es auch in Zukunft einen George Bush und einen Saddam Hussein geben.

Immer wieder wird es aber auch Menschen geben, die Gut und Böse in einem weisen Herzen tragen. Aus einem solchen Herzen aber kommt Heil und Segen.

Gleich vor etwas Grösserem

Sommer 2004.

Ferien auf einem Zeltplatz in Italien.

Menschen, die auf engem Raum friedlich zusammenleben. Menschen, die für eine bestimmte Zeit, Strand, Sonne, Meer, Dusche und Toilette teilen.

Dänen, Holländer, Deutsche, Ungarn, Italiener, Schweizer.

Sommer 2004.

Ein Ausflug nach Venedig.

Menschen, die vor der Basilica San Marco eine Stunde oder mehr geduldig in der Hitze stehen, bis ihnen Einlass gewährt wird. Menschen, die Zeit und Raum teilen, weil sie einen der grossen Sakralbauten des Mittelalters besuchen wollen.

Christen, Nichtchristen, Atheisten, Zweifler, Gläubige.

Sommer 2004.

Gewalt im Irak.

Menschen, die Hass und Zwietracht säen, um politische Ziele zu erreichen. Menschen, die Menschen entführen und umbringen, um andere Menschen zu erpressen.

Sommer 2004.

Eine Bluttat in Zürich.

Ein Mensch, der zwei Vorgesetzte erschiesst. Ein Mensch, der seiner Wut und seiner Frustration freien Lauf lässt, bis alles in einem tödlichen Konflikt endet.

Sommer 2004.

Friedliches Beieinander. Tödliches Gegeneinander.

Es gibt einen tiefsinnigen Spruch: „Gott lässt seine Sonne aufgehen über Böse und Gute und lässt regnen über Gerechte und Ungerechte." (Mt 5,45)

Dieses Wort zeigt eine innere Haltung, die ausdrückt: Ich anerkenne, dass du mir vor etwas Grösserem gleich bist.

Das bedeutet, nicht nur der Gute, sondern auch der Böse ist mir auf einer tieferen, seelischen Ebene gleich. Denn beide sind wir getrieben und getragen von der einen Kraft. Beide stehen wir im gleichen Lebensstrom.

Ähnlich sieht es ein jüdischer Weisheitslehrer. Er soll gesagt haben, dass das jüdische Volk erst dann seinen Frieden mit sich selbst, mit seinen arabischen Nachbarn und mit der Welt finde, wenn auch der letzte Jude für Adolf Hitler das Totengebet gesprochen habe.

Für den Alltagsverstand ist das anstössig und schwer zu fassen. Doch hier geht es um ein tieferes Erfassen von Wirklichkeit, um ein seelisches Erfassen.

Genau das meint Jesus, wenn er sagt: „Liebt eure Feinde." (Mt 5,44)

Liebt eure Feinde – das können wir einüben, indem wir zum Beispiel die

Nachrichten am Fernsehen anschauen, ohne uns immer wieder über die Bösen aufzuregen, die dort gezeigt werden.

Liebt eure Feinde – das können wir tun, indem wir innerlich zum Guten wie zum Bösen sagen: Ich anerkenne, dass du mir vor etwas Grösserem gleich bist. Das stiftet Frieden in der Seele.

Sommer 2004.

Gott lässt seine Sonne aufgehen über Böse und Gute und lässt regnen über Gerechte und Ungerechte.

Wer sich auf diesen Gott einlässt, ist näher am Geheimnis des Lebens.

Vom äusseren und inneren Sehen

„Selig, die reinen Herzens sind – sie werden Gott schauen." (Mt 5,8)

Ein junger Mann besuchte einst einen alten Ensiedler. „Was lernst du?" fragte der Einsiedler. „Ich lerne das Grosse gross und das Kleine klein zu sehen", antwortete der Mann. „So lerne weiter", entliess ihn der Alte.

Ein Jahr darauf kam der junge Mann wieder, und es wurde ihm dieselbe Frage gestellt. Darauf antwortete er: „Ich lerne, dass das Grosse klein und das Kleine gross sein kann." „So lerne weiter", entliess ihn der Alte.

Auch im Jahr darauf fand sich der junge Mann wieder ein. Auf die Frage, was er lerne, antwortete er: „Ich habe gelernt, dass es nichts Geringes gibt." „Das ist sehr gut", sagte der Einsiedler, „so lerne weiter."

Viele Jahre vergingen, ohne dass sich der Mann wieder blicken liess. Doch der Einsiedler sorgte sich nicht um ihn. Endlich, nach Jahren stand der Mann wieder vor der Tür. Der Einsiedler lächelte, liess ihn ein und stellte ihm wieder die alte Frage: „Was lernst du?"[18]

Ja, liebe Gemeinde, was wird der Mann dem Einsiedler wohl geantwortet haben? Blicken wir zurück! Begleiten wir den Mann bei seinem Lernen!

Zuerst lernt der Mann, das Grosse gross und das Kleine klein zu sehen. Ein Elefant ist gross. Eine Maus klein. Amerika ist gross. Die Schweiz klein. Das Matterhorn ist gross. Die Gislifluh klein. So teilen wir Menschen die Welt ein, um uns darin zurechtzufinden.

---

[18] Nach U. Bangerter, Der grosse Baum. Geschichten aus der Nachbarschaft, 1997, 8.

Dann lernt der Mann, dass das Grosse klein und das Kleine gross sein kann. Amerika ist gross, doch kleiner als Russland. Das Matterhorn ist gross, doch kleiner als der Mount Everest. Die Schweiz ist klein, doch grösser als das Fürstentum Liechtenstein. Eine Maus ist klein, doch grösser als ein Floh. So vergleichen wir Menschen die Dinge, die wir sehen. Doch selten wird uns dabei bewusst, dass die Worte, die wir gebrauchen, nicht eindeutig sind.

Schliesslich kommt der Mann zur Einsicht, dass es nichts Geringes gibt. Ob Grosses oder Kleines – das eine ist nicht geringer als das andere. Ein zerbrochener Ast, ein welkes Blatt, ein lästiges Insekt – nichts ist unnütz und wertlos. Der Ast, das Blatt, das Insekt, aber auch die abertausend anderen grossen und kleinen Dinge – sie machen mir bewusst, dass es neben mir Dinge gibt, die einfach da sind, ohne dass sie einander bewerten.

So macht der Mann die Erfahrung, dass es verschiedene Ebenen der Wahrnehmung gibt. Im Verlauf seines Lebens beschreitet er einen Weg, der ihn vom äusseren zum inneren Sehen führt. Neben dem alltäglichen Sehen, das an der Oberfläche bleibt, entdeckt er das andere Sehen, bei dem es um die innere Erfahrung der Dinge geht. Um das Wunder. Um das Geheimnis. Um das Staunen.

Als der Mann endlich nach Jahren wieder vor der Tür des Einsiedlers steht, und dieser ihn fragt: „Was lernst du?“ antwortet er ihm: „Ich habe gelernt, auf allen Dingen und in allem den Abglanz Gottes zu sehen.“ Da umarmte ihn der Alte und segnete ihn.

In allem den Abglanz Gottes sehen. Auch in dem, was wir nicht verstehen. Und auch im Bösen und im Schrecklichen.

„Selig, die reinen Herzens sind – sie werden Gott schauen.“

In allem den Abglanz des Göttlichen sehen. Gelingt uns das, so sind wir nicht mehr blind, sondern wahrhaftig sehend.

Unser Vater im Himmel

„Unser Vater im Himmel." (Mt 6,9)

Vater ist ein Grundwort der Menschheit wie Mutter, Erde, Sonne, Mond und Sterne. Ein Wort aber auch, das Erinnerungen, Erwartungen und Emotionen weckt.

Vater verweist auf unsere Abstammung und auf die mannigfachen Lebensbezüge, in die wir hineingestellt sind. Darum wird nicht nur der leibliche Vater Vater genannt, sondern auch Könige, Propheten, Priester, Päpste, Künstler, Wissenschaftler und Politiker werden oft Vater genannt. Und auch Gott wird Vater genannt.

Was bedeutet das?

Vater ist ein Bildwort für Gott als Quelle allen Seins. Alles, was ist, entfaltet sich aus dieser Quelle. Du und ich, wir alle stammen aus der gleichen Quelle. Alle sind wir Söhne und Töchter eines Vaters.

Vater ist ein Beziehungswort für Gott als Urgrund der Welt. Alles, was ist, ist bezogen auf diesen Urgrund. Nichts kann aus ihm herausfallen. Im Vater hat alles Bestand.

Vater ist ein Alltagswort für Gott, mit dem Jesus seine Gotteserfahrung ausdrückt. Mit der Anrede Vater drückt Jesus Nähe und Vertrautheit aus: Gott ist mir so nahe und vertraut wie ein Vater.

Vater ist aber auch ein Unwort für Gott, denn Vater kann missverstanden werden oder mit negativen Erfahrungen besetzt sein. Missverstanden wird es, wenn man sich Gott als männlich vorstellt. Mit negativen Erfahrungen kann es besetzt sein, wenn ein Mensch eine schwierige oder gestörte Beziehung zu seinem leiblichen Vater hat.

Vater ist aber auch ein Nicht-Wort für Gott. Ob wir Gott Vater nennen oder Geist oder das Absolute – das Göttliche ist letztlich unbenennbar. Darum ist Vater nicht das einzig richtige Wort für Gott. Aber auch Geist ist nicht das einzig richtige Wort für Gott. Und auch das Absolute ist nicht das einzig richtige Wort für Gott. Welches Wort wir auch immer für Gott gebrauchen – es ist bloss ein Hinweis auf die unfassbare Wirklichkeit hinter den Worten.

„Unser Vater im Himmel."

Warum reden wir Gott mit du an?

Die Weisen aller Zeiten und Kulturen haben entdeckt, dass Gott ihr tiefstes Wesen ist. Ihnen ist aufgegangen, dass Gott nicht weit von uns entfernt ist. Das Göttliche ist nicht durch einen Abstand von uns getrennt. Der Geist ist nahtlos mit allem verbunden. Das Absolute durchdringt, trägt und umfängt alles, was ist. Gott erscheint im Stein als Stein, in der Pflanze als Pflanze, im Tier als Tier und im Menschen als Mensch.

Auch Jesus hat diese Erfahrung gemacht. Sie ist das, was er bildhaft Vater nennt.

Und auch wir können diese Erfahrung machen.

Wenn du tief in dich hineinschaust, kann auch dir mehr und mehr aufgehen: Das, was du im Gebet als du anredest, ist dein tiefstes Wesen, das Göttliche in dir, ohne das du nicht sein kannst, weil es dir näher ist als du dir selbst.

Darum: Wenn du betest, betest im Grunde nicht du, sondern Gott betet zu sich selbst.

Dein Name werde geheiligt

„Dein Name werde geheiligt." (Mt 6,9)

Dinge und Ereignisse benennen wir gern mit Namen. Mit den Namen, die wir ihnen geben, versuchen wir sie einzuordnen und für uns verstehbar zu machen. Darum nennen wir eine Blume Blume und nicht Stein, und einen Stein nicht Baum, sondern Stein.

Auch Menschen geben wir Namen: Franz, Frieda, Hans, Berta. Mit ihnen können wir Menschen direkt ansprechen. Je nach dem, wie wir sie aussprechen, können wir mit ihnen aber auch Wohlwollen oder Ablehnung ausdrücken.

Ähnlich ist es mit Gott. Nach biblischer Überlieferung trägt auch Gott einen Namen: Jahwe. Und auch mit diesem Namen kann ich dieses oder jenes tun. Darum steht in den zehn Geboten: „Du sollst den Namen Jahwes, deines Gottes, nicht missbrauchen." (Ex 20,7)

Missbraucht wird der Gottesname, wenn ich ihn für betrügerische Absichten einsetze. Dann zum Beispiel, wenn ich mit ihm vor Gericht eine Falschaussage bekräftige, wenn ich vor Gericht nicht die Wahrheit sage und das mit den Worten bezeuge: Ich schwöre es bei Gott!

Geheiligt wird der Gottesname dagegen, wenn ich ihn in meinem Denken und Reden möglichst sorgsam gebrauche und nicht unbedacht im Munde führe.

Eine andere Deutung: Heiligen im eigentlichen Sinn kann nur Gott selbst. Die Bitte um Heiligung seines Namens ist darum ein Appell an Gott, sich selbst für seinen Namen einzusetzen. Er selbst möge sich in der Welt durchsetzen und sich als Gott erweisen.

Bei dieser Deutung steht nicht das rechte Verhalten des Menschen im Vordergrund, sondern das Handeln Gottes.

Wie aber setzt sich Gott für sich selbst ein? Wie geschieht Gottes Handeln?

Modern formuliert: Evolution ist die Weise, wie Gott handelt und sich in der Welt durchsetzt. Evolution ist Gott in Aktion. Evolution ist der Kósmos mit seinen verschiedenen Wirklichkeitsbereichen: Ob gut oder böse, ob gross oder klein, ob bedeutend oder unbedeutend, ob Geist oder Materie – nichts ist der göttlichen Urwirklichkeit entzogen!

Je tiefer das erkannt wird, desto umfassender wird für uns die Wirklichkeit, die wir Gott nennen. Je tiefer das bewusst wird, desto unfassbarer wird aber auch sein Name, denn jetzt kann alles zum Namen Gottes werden: Stein, Pflanze, Tier und Mensch.

„Dein Name werde geheiligt."

Eine weitere Deutung: Es war einmal ein Mensch, der wünschte sich nichts sehnlicher, als alle Namen Gottes zu kennen. Neunundneunzig kannte er. Nur den letzten, den hundertsten wusste er nicht.

Eines Abends sass er bei seinem Kamel und sagte alle Namen Gottes auf, die er kannte. Als er beim neunundneunzigsten angekommen war, sagte er zum Kamel: „Ich weiss, dass du alle Namen Gottes kennst. Du musst sie kennen, weil du so überlegen auf uns Menschen herabsiehst. Hilf mir, den hundertsten Namen zu finden. Scharre mit dem linken Fuss, wenn ich ihn nenne."

Und er begann, alle Namen aufzuzählen, die ihm einfielen. „All-Gott?“, fragte er. Das Kamel rührte sich nicht. „All-Geist?“ Das Kamel blinzelte nicht einmal. „All-Vater?“ Das Kamel zeigte immer noch keine Reaktion.

Schliesslich beugte sich das Kamel zu ihm hinunter und flüsterte ihm den Namen ins Ohr. Da ging ein Leuchten über das Gesicht des Menschen.

Eine tiefsinnige und humorvolle Geschichte.

Doch welches ist nun der hundertste Name Gottes?

Es ist dein eigener Name!

Gott und du, Gottes Name und dein Name – das sind im Grunde nicht zwei, sondern eins. Denn wenn du ganz tief in dich hineinschaust, entdeckst du: In dir kommt Gott zur Welt.

Darum: Heiligst du dich selbst, heiligst du Gott und seinen Namen.

Und führe uns nicht in Versuchung

„Und führe uns nicht in Versuchung.“ (Mt 6,13)

Um diese wohl umstrittenste Bitte des Unservaters verständlich zu machen, muss ich ein wenig ausholen.

Die Ursprache des Unservaters ist Aramäisch. Vor diesem Hintergrund kann man die Bitte auch anders übersetzen: „Lass uns nicht in den Bereich der Versuchung hineingeraten, lass es nicht zu, dass wir der Versuchung entsprechen.“ Bei dieser Übersetzung bleibt es in der Schwebe, welches der Anteil Gottes und welches der Anteil des Menschen beim Zustandekommen der Versuchung ist.

Der Sinnzusammenhang des Unservaters ist die Verkündigung Jesu vom Reich Gottes. Die Bitte, nicht der Versuchung zu entsprechen, meint darum nicht die Bewahrung vor ethischem Fehlverhalten, sondern die Bewahrung vor Misstrauen gegen Gott. Misstrauen gegen Gott angesichts der Uneindeutigkeit des anbrechenden Gottes-reiches.

Auf unseren Erfahrungshorizont bezogen liegt die Versuchung darin, die Wirklichkeit zu reduzieren auf das, was gesehen, berührt, gewogen, gemessen und gezählt werden kann.

Doch das ist nicht die wirkliche Wirklichkeit. Denn die Wirklichkeit ist nicht eindimensional, sondern vieldimensional.

Einen Hinweis darauf finden wir in der Unterscheidung von Körper, Geist und Seele.

Körper meint die materielle und biologische Dimension der Wirklichkeit; das, was wir als Grundstoff und lebendigen Organismus bezeichnen. Geist meint die nichtmaterielle Dimension der Wirklichkeit; das, was wir als Gedanken, Bilder und Begriffe wahrnehmen. Und Seele drückt aus, dass wir mit einer Dimension verbunden sind, die über unsere Person hinausreicht.

Nicht der Versuchung zu entsprechen bedeutet, immer wieder in Verbindung zu kommen mit der vieldimensionalen Wirklichkeit, in die wir hineingestellt sind. Nicht der Versuchung zu entsprechen bedeutet, immer wieder hineinzuspüren in die Tiefendimension der Welt, die in uns selbst angelegt ist. Nicht der Versuchung zu entsprechen bedeutet, immer wieder die Ahnung zuzulassen, dass das Göttliche sich in diesem vielgestaltigen Kósmos selbst darstellt.

„Und führe uns nicht in Versuchung."

Was bedeutet das für unser Gottesbild?

Ist Gott ein Wesen, das uns wie ein Mensch auf die Probe stellt? Ist Gott ein Wesen, das wie ein Mensch denkt und handelt? Ist Gott ein Wesen, das wie ein Mensch belohnt und bestraft?

Nein. Das alles sind Vorstellungen, in denen menschliche Bedürfnisse und Handlungsweisen auf das Göttliche übertragen werden. Einen solchen Gott gibt es nicht wirklich.

Die Vorstellung, dass Gott in Versuchung führt, wird denn auch im Jakobusbrief entschieden abgelehnt: „Niemand sage, wenn er versucht wird: Ich werde von Gott versucht. Denn Gott versucht niemanden." (Jak 1,13)

Wie also sollen wir die Bitte verstehen?

Beten verändert nicht Gott, sondern die Betenden.

In der Bitte, nicht in Versuchung zu führen, machen wir uns bewusst, dass Gott die eine göttliche Urwirklichkeit ist, aus der nichts herausfallen kann und von der nichts getrennt ist, weder Versuchung noch nicht Versuchung noch sonst etwas.

In der Bitte, nicht der Versuchung zu entsprechen, machen wir uns bewusst, dass menschliches Leben herausgefordertes und gefährdetes Leben ist: gefährdet durch die Möglichkeit, das Leben auf blosse Oberfläche zu reduzieren, herausgefordert durch die Möglichkeit, die Tiefendimension des Lebens immer wieder neu zu entdecken.

„Und führe uns nicht in Versuchung."

Das ist die Bitte, mit geschärfter Wahrnehmung und offenem Sinn der Welt zu begegnen.

Vom Sinn des Lebens

Was ist der Sinn des Lebens?

Sicher haben Sie sich diese Frage auch schon gestellt.

Ist es die Familie? Ist es der Beruf? Ist es der Erfolg? Oder liegt der Sinn des Lebens darin, möglichst lange gesund zu bleiben? Oder darin, auf anständige Weise durchs Leben zu gehen?

Was ist der Sinn des Lebens?

Je nach Lebensalter werden Sie diese Frage verschieden beantwortet haben. Denn ein Vierzigjähriger wird eine andere Antwort geben als ein Zwanzigjähriger, und eine Achtzigjährige eine andere als eine Fünfzigjährige.

Hier die Antwort eines berühmten Lebemeisters:

„Wer das Leben fragte tausend Jahre lang: ‚Warum lebst du?' – könnte es antworten, es spräche nichts anderes als: ‚Ich lebe darum, *dass* ich lebe'."[19]

Ich lebe darum, dass ich lebe.

Das ist eine verblüffend einfache Antwort; schlagend und tiefsinnig zugleich.

Ich lebe darum, dass ich lebe – das bedeutet: Der Sinn des Lebens ist das Leben selbst. Das Leben als Leben. Das Leben, bevor es durch unser Denken, Fühlen und Handeln geformt wird. Das Leben, bevor wir es aufgrund unserer Erfahrungen als gut oder schlecht beurteilen.

---

[19] So Meister Eckhart, in J. Quint (Hg.), Meister Eckehart. Deutsche Predigten und Traktate, 1979, 180.

„Ich lebe darum, dass ich lebe.“

Im Neuen Testament gibt es einen Spruch, der einen ähnlichen Gedanken ausdrückt: „Denn was hilft es dem Menschen, wenn er die ganze Welt gewinnt, dabei aber Schaden nimmt an seinem Leben?“ (Mt 16,26)

Offenbar vermögen Erfolg, Ansehen und Macht dem Leben nicht automatisch Sinn zu verleihen.

Im Gegenteil: Fixiere ich mich zu stark auf diese Dinge, kann mir das Gespür für den tieferen Sinn des Lebens leicht abhanden kommen. Ich bleibe an der Oberfläche des Lebens. Seine geheimnisvolle Tiefe bleibt mir verschlossen.

„Ich lebe darum, dass ich lebe.“

Diesen Lebenssinn kann man einüben. Probiere es einmal. Nimm dir einen Moment Zeit. Geh in die Stille und versuche, äusserlich und innerlich zur Ruhe zu kommen. Beobachte deinen Atem, wie er kommt und geht. Beobachte, wie du einatmest und ausatmest. Versuche zu spüren, wie das Leben in dir fliesst, wie es durch dich hindurchströmt, ohne dass du etwas tust.

Wenn du so in der Stille zur Ruhe kommst, kann dir etwas Wichtiges aufgehen: Das Leben in seiner Tiefe und Unergründlichkeit ist unverletzbar. Es wird nicht weniger durch Schmerz und Leid. Es wird nicht weniger durch Traurigkeit und Verzweiflung. Es wird nicht weniger durch das, was dir im Leben begegnen mag.

Diese unergründliche, unverletzbare Tiefe hat einen Namen. Die Weisen nennen es dein ursprüngliches Wesen, dein wahres Selbst, das Göttliche in dir, Gott, der nicht weiter von dir entfernt ist als das Leben, das er selbst ist.

„Ich lebe darum, dass ich lebe.“

Mit diesem Lebenssinn lebt es sich leichter. Es lebt sich leichter, wenn du nichts tun kannst, weil du krank oder behindert bist. Es lebt sich leichter, wenn deine Kräfte im Alter nachlassen und du nicht mehr viel leisten kannst.

Was ist der Sinn des Lebens?

Manchmal blitzt in uns die Ahnung auf, dass das Leben den Sinn in sich selbst trägt und wir dem nichts hinzufügen können.

Bewahren wir uns solche Momente – sie helfen uns, mehr Mensch zu sein!

Auf der Suche nach den Verlorenen

„Wann kommt er?“

„Weiss nicht. Hab’ keine Ahnung. Irgendwann gegen Abend wohl. Wie steht’s mit den Speisen? Ist alles bereit: Brot, Fisch, Wein – und die Wasserkrüge, sind sie gefüllt?“

„Ja, Baruch, alles steht bereit. Die ersten Gäste sind schon gekommen. Und es kommen noch mehr – wird es für alle reichen?“

„Komm, Jochanan, lass uns noch einmal schauen, ob alles in Ordnung ist!“

Als der Tag zu Ende geht, ruft Jochanan: „Baruch, er kommt! Ich seh’ ihn. Schau, dort unten bei der Wegkreuzung!“

„Endlich. Komm, wir wollen ihn begrüssen!“

Baruch und die Seinen warten vor dem Haus. Der Wanderer und seine Begleiter kommen heran. Baruch grüsst: „Sei willkommen, Jeschua ben Josef, wir freuen uns über deinen Besuch! Kommt herein, legt ab und macht euch frisch! Alles ist schon bereit!“

Die Gäste gehen ins Haus. Im Raum, wo gegessen wird, lassen sie sich nieder und machen es sich bequem.

Baruch ergreift das Wort: „Heute haben wir einen besonderen Gast. Ihr wisst, wen ich meine. Und ihr wisst auch, was man über ihn sagt. Sicher ist es euch schon zu Ohren gekommen.“ Und zu Jeschua ben Josef gewandt, sagt er: „Verzeih, Rabbi, wenn ich so rede, aber was gewisse Leute von dir sagen, macht mich traurig. Ein

Vielfrass und Weinsäufer seist du, ein Freund von Zöllnern und Sündern. So habe ich es gehört. Doch ich kenne dich und weiss, wie du bist. Und nun, liebe Gäste, wird der Rabbi unsere Mahlzeit segnen."

Der Galiläer spricht das Tischgebet, bricht den Brotfladen und verteilt die Stücke. Das Mahl beginnt. Die Geladenen unterhalten sich. Einige lachen. Es ist ein fröhliches Mahl, das hier gehalten wird. Und auch er lässt es sich gut gehen: isst und trinkt, redet und hört zu. Ab und zu schweift sein Blick über die zusammengewürfelte Gesellschaft. Alle sind sie da: suspekte Elemente, die kein Ansehen haben; Habenichtse, die vom Betteln leben; Kranke, die bang-hoffend herzudrängen. Was mag dem Galiläer wohl durch den Kopf gehen?

Da erhebt er seine Stimme: „Hört dies! Ein Mann bereitete ein Mahl zu. Und zur Stunde des Mahls sandte er einen Knecht aus, den Geladenen zu sagen: ‚Kommt, denn es ist schon alles bereit!' Aber auf einmal begannen alle sich zu entschuldigen. Der erste sagte ihm: ‚Ich habe einen Acker gekauft und muss unbedingt hinausgehen und ihn ansehen. Ich bitte dich, halte mich für entschuldigt.' Ein anderer sagte: ‚Ich habe fünf Joch Ochsen gekauft und will gerade gehen, sie zu begutachten. Ich bitte dich, halte mich für entschuldigt.' Ein anderer sagte: ‚Ich habe eine Frau geheiratet und darum kann ich nicht kommen.' Und der Knecht kam zurück und berichtete das seinem Herrn. Da wurde der Hausherr zornig und sprach zu seinem Knecht: ‚Schnell, geh hinaus auf die Strassen, und wen du findest, den führe hier herein!' Und der Knecht zog los und tat, wie ihm befohlen, so dass das Haus voll wurde."
(Lk 14,16-23)

Schweigend blickt der Galiläer in die Runde. Haben sie verstanden, was er ihnen sagen will? Gemurmel füllt den Raum. Schliesslich wagt einer zu fragen: „Rabbi, die Geschichte, die du da erzählst – ist es möglich, ich meine, kann man das so verstehen, dass du uns sagen willst: wir gehören dazu, wir sind eingeladen vom Höchsten?"

Ein anderer fährt fort: „Rabbi, und die, die nicht zum Fest kommen wollen – meinst du, sie haben das schlechtere Teil erwählt, obwohl sie sich um Acker, Ochsen und Frau – doch lauter gute Dinge – kümmern?“

Und ein dritter fügt hinzu: „Und die, die so schlecht reden von dir – nicht wahr, die gehören doch auch zu denen, die sich vom Mahl entschuldigen? Willst du uns sagen – alle, die nicht kommen, sind blind und wissen nicht, die Zeichen der Zeit zu deuten? Meinst du das?“

So geht es eine Weile. Gedanken gehen hin und her. Menschen finden Worte und beginnen zu sehen. Menschen greifen zu und werden satt.

Der Galiläer lächelt. Teilt das Mahl mit solchen. Nimmt Anteil an ihren Sorgen und Nöten. Ja, sie verstehen, was hier geschieht: Himmel auf Erden. Feiert mit ihnen Himmel auf Erden – Fest der Gottesherrschaft. Und der menschengeschwängerte Raum wird zum Tempel. Und in der Mitte er.

Später sagen andere: „Er ist nicht gekommen, Gerechte zu rufen, sondern Verlorene.“ (Lk 5,32)

Wasser des Lebens

Wasser. Es umgibt uns von oben als Wolken und Regen, von unten als Grundwasser, von innen als Körperwasser.

Wasser. Sanft und stark, hart und weich, vielgestaltig als Flüssigkeit, Eis und Dampf.

Wasser. Es stillt den Durst. Es heilt. Es zerstört und es reinigt.

Wasser ein faszinierendes Phänomen.

Wasser hat auch symbolische Bedeutung. Es ist Bild für verschiedene Lebenssituationen. Stecke ich in grossen Schwierigkeiten, steht mir das Wasser bis zum Hals. Bin ich voller Schwung und Energie, fühle ich mich frisch und belebt wie nach einem Bad.

Wasser. In unzähligen Geschichten wird es besungen, gefeiert, aber auch gefürchtet.

Wasser-Geschichten gibt es auch in der Bibel. Eine der schönsten steht im Johannesevangelium.

Müde vom Wandern setzt sich Jesus an den Jakobsbrunnen bei Sychar. Eine Frau kommt, um Wasser zu schöpfen. Sagt Jesus zu ihr: „Gib mir zu trinken!“ Sagt die Frau zu ihm: „Wie kannst du, ein Jude, von mir, einer Samariterin, zu trinken erbitten?“ Sagt Jesus: „Kenntest du die Gabe Gottes und wüsstest, wer es ist, der zu dir sagt: ‚Gib mir zu trinken’, so würdest du ihn bitten, und er gäbe dir lebendiges Wasser.“ Sagt die Frau zu ihm: „Herr, du hast kein Schöpfgefäss, und der Brunnen ist tief. Woher also hast du das lebendige Wasser?“ Sagt Jesus zu ihr: „Jeder, der von diesem Wasser trinkt, wird wieder Durst haben. Wer aber von dem Wasser trinkt, das ich ihm geben werde, der wird in Ewigkeit nicht Durst haben, sondern das Wasser, das ich ihm geben werde, wird in ihm zu einer Quelle werden, deren Wasser ins ewige Leben sprudelt." (Joh 4,6-14)

Was ist das Wasser, das Jesus gibt? Ist es Wasser aus einer besonderen Quelle? Wasser aus dem sagenhaften Jungbrunnen, der uns ewige Jugend verheisst?

Nein. Das Wasser, das Jesus meint, ist überall zu finden. Und doch ist es ein besonderes Wasser.

Wie ist das zu verstehen?

Nimm diese Geschichte und sinne darüber nach! Entdecke, was es mit diesem Wasser auf sich hat!

Nimm Jesus als Wegweiser, als Augenöffner, der dir eine andere Sicht auf das Leben zeigt!

Andere Sicht auf das Leben bedeutet: Schau in die Tiefe, schau in den Brunnen, der du selbst bist! Schau auf die Quelle, die in dir entspringt! Schau auf das lebendige Wasser, das göttliche Leben, das in dir strömt!

Wie Jesus, so kannst auch du dieses Wasser entdecken. Um es zu finden, brauchst du nicht bis ans Ende der Welt zu gehen. Es ist da wie die Luft, die du einatmest und ausatmest und ohne die du nicht sein kannst. Es ist da wie die Erde, auf der du stehst und gehst und die dich nährt.

Das Wasser, das Jesus meint – der folgende Spruch bringt es auf den Punkt:

Wie töricht ist der Mensch
der aus der Pfütze trinkt
und die Fontäne lässt,
die ihm im Haus entspringt.[20]

Anders formuliert:

Wie töricht ist der Mensch, der nach dem Leben sucht und das Leben lässt, das nach ihm ruft.	oder:	Töricht ist der, der aussen sucht, was wesenhaft in ihm ruht.

Wasser. Faszinierend als gewöhnliches Wasser. Faszinierend auch als spirituelles Wasser.

Weise ist ein Mensch, der beides kennt. Er hat erkannt, dass er in Gott ist und Gott in ihm.

[20] Spruch von Angelus Silesius, in: W. Jäger (Hg.), Geh den inneren Weg. Texte der Achtsamkeit und Kontemplation, ^{4}2000, 126.

Jesus

Jesus. Ein Mensch. Ein Leben. Eine Geschichte.

Jesus. Ein Mensch, dem etwas aufgegangen ist. „Das Reich Gottes ist gleich einem Senfkorn, das ein Mensch nahm und in seinen Garten legte. Und es wuchs und wurde zum Baum, und die Vögel des Himmels nisteten in seinen Zweigen." (Lk 13,19)

Doch was haben sie aus ihm gemacht? Einen Richter, der am Ende der Zeiten Schafe und Böcke scheidet.

Seltsam, dass Menschen ein Endgericht erhoffen, damit die Welt in Ordnung kommt.

Doch offenbar lieben es die Menschen, die Welt in Gut und Böse einzuteilen.

Jesus. Ein Mensch. Ein Leben. Eine Geschichte.

Jesus. Ein Mensch, der von Gott erzählt. „Blickt auf die Raben! Sie säen nicht, sie ernten nicht, noch haben sie eine Scheune. Aber Gott nährt sie doch." (Lk 12,24)

Doch was haben sie aus ihm gemacht? Einen Götzen, der angebetet wird.

Seltsam, dass Menschen Menschen vergöttern, damit die Welt in Ordnung kommt.

Doch offenbar lieben es die Menschen, ihr Herz an Menschen und Dinge zu hängen.

Jesus. Ein Mensch. Ein Leben. Eine Geschichte.

Jesus. Ein Mensch, der das Leben liebt. „Sieh da, ein Mensch als Vielfrass und

Weinsäufer, ein Freund der Zöllner und Sünder.“ (Lk 7,34)

Doch was haben sie aus ihm gemacht? Einen Märtyrer, der für uns stirbt.

Seltsam, dass Menschen Menschenopfer brauchen, damit die Welt in Ordnung kommt.

Doch offenbar lieben es die Menschen, dass einer für sie leidet.

Jesus. Ein Mensch. Ein Leben. Eine Geschichte und viel Missverständnisse.

Ach Jesus, was ist aus dem aufregenden Anfang geworden? Was aus dem Senfkorn, den Raben und dem Wein, den du mit zwielichtigen Gestalten geteilt hast?

Ach Jesus, hast du das wirklich gewollt, dass aus dir ein Weltenrichter wird, ein Gott gar und ein Märtyrer, der sich für die Menschheit opfert?

Deine Botschaft vom Reich Gottes – meint sie nicht etwas ganz anderes? Ist sie nicht eine Einladung, wie du, selbst auf Spurensuche zu gehen nach dem Göttlichen in der Welt und unbefangen hinzusehen auf Menschen und Dinge und einander von dem zu erzählen, was uns im Leben aufgegangen ist?

Ach Jesus, wann fangen wir an Mensch zu werden, wie du Mensch gewesen bist?

Sturm und Stille

„Und er sagt zu ihnen am Abend dieses Tages: Lasst uns ans andere Ufer fahren. Und sie liessen das Volk gehen und nahmen ihn, wie er war, im Boot mit. Auch andere Boote waren bei ihm. Da erhob sich ein heftiger Sturmwind, und die Wellen schlugen ins Boot, und das Boot hatte sich schon mit Wasser gefüllt. Er aber lag schlafend hinten im Boot auf dem Kissen. Und sie wecken ihn und sagen zu ihm: Meister, kümmert es dich nicht, dass wir untergehen? Da stand er auf, schrie den Wind an und sprach zum See: Schweig, verstumme! Und der Wind legte sich, und es trat eine grosse Windstille ein. Und er sagte zu ihnen: Was seid ihr so furchtsam? Habt ihr noch keinen Glauben? Und sie gerieten in grosse Furcht, und sie sagten zueinander: Wer ist denn dieser, dass ihm selbst Wind und Wellen gehorchen?"
(Mk 4,35-41)

Dramatische Szenen.

Menschen, die in einen Sturm geraten. Ein Boot, das zu kentern droht. Einer, der schläft, als beträfe ihn das nicht.

Als der Schläfer geweckt wird, geht alles sehr schnell: Der Sturm lässt nach, die Wellen beruhigen sich, das Wüten der Naturkräfte verstummt.

Dramatische Szenen.

Wie sollen wir das verstehen? Als Bericht von einem Wunder? Doch was hat ein Wunder vor zweitausend Jahren mit uns zu tun?

Wie können wir diese Geschichte verstehen? Wie können wir einen Zugang zu ihr finden? Wie können wir sie mit unserem Leben in Beziehung setzen? Ja, wie kann sie zu unserer eigenen Geschichte werden?

Zum Beispiel so.

Der Sturm, das Wasser, die Wellen. Das ist ein Bild für die Lebenssituationen, die uns bedrohen. Ein Bild für das, was uns erschreckt und beunruhigt. Ein Bild für die Unordnung in uns selbst und um uns herum.

Solche Situationen kennst auch du. Hast nicht auch du schon manchen Lebenssturm erlebt, und dein Leben schien aus den Fugen zu geraten? Ist nicht auch dir schon das Wasser bis zum Hals gestanden, und du wusstest nicht mehr ein noch aus?

Die aufgeregten Bootsleute. Das ist ein Bild für unser Ich, das vor lauter Sorgen kaum zur Ruhe kommt. Ein Bild für das dauernde Hin und Her der Gedanken, das schwankende Auf und Ab der Gefühle. Ein Bild für die Geschäftigkeit, mit der wir uns gegen die Regungen des Lebens abzusichern suchen.

Dieses Ich kennst auch du. Bist nicht auch du schon über dieses Ich gestolpert, als es dich daran gehindert hat, Neues und Unbekanntes zu wagen? Bist nicht auch du dir schon oft selbst in die Quere gekommen, weil du in alten Denk- und Verhaltensmustern stecken geblieben bist?

Der schlafende Jesus. Das ist ein Bild für die Stille und den Frieden in uns selbst. Ein Bild für den Ort, der unsere tiefste und eigentliche Heimat ist. Ein Bild für die spirituelle Kraft, die in uns allen schlummert.

All das kennst auch du. Es lebt in dir als Erfahrung von Geborgenheit und Urvertrauen. Es steigt in dir auf als Sehnsucht nach Versöhnung und Einklang mit dir selbst und der Welt. Es zeigt sich dir in den Momenten, in denen dein Leben durchsichtig wird auf seinen Ursprung hin.

Die Geschichte von der Stillung des Seesturms ist keine naive Wundergeschichte, sondern eine Geschichte, die unser Leben auf eine tiefere Wirklichkeit bezieht. Auf eine Wirklichkeit, die trägt und die nicht fern, sondern dir ganz nahe ist.

Das Wunder geschieht dort, wo wir den Stürmen des Lebens trotzen und dabei nicht untergehen. Es geschieht dort, wo wir mitten im Sturm zur Ruhe kommen und Frieden finden. Das Wunder geschieht in dir.

Möge dieses Wunder sich immer wieder ereignen.

Mystiker-Predigten: Jesus

Jesus von Nazaret. Ein Mensch, der wohl die meiste Zeit seines Lebens in Nazaret, einem unbedeutenden Ort in den südgaliläischen Bergen, verbrachte und seinen Lebensunterhalt als Bauhandwerker verdiente. Ein Mensch, der einige Jahre vor unserer Zeitrechnung geboren wurde und mehrere Brüder und Schwestern hatte. Ein Mensch, der nur kurze Zeit in der Öffentlichkeit wirkte, bevor er um das Jahr 30 am Kreuz hingerichtet wurde.

Jesus von Nazaret. Ein Mensch, dem im Verlauf seines Lebens etwas Entscheidendes aufgegangen ist. Etwas, das ihn Gott, Welt und Mensch neu und anders sehen lässt. Etwas, das ihn über vorgegebene religiöse Traditionen hinauswachsen lässt.

Jesus von Nazaret. Ein Mensch, der seine religiöse Grunderfahrung mit dem Wort Abba ausdrückt. Abba, das ist die Erfahrung der Gegenwart Gottes, die Präsenz des Göttlichen in der Welt.

Menschen mit solchen Erfahrungen werden Mystiker genannt. Mystiker sind Menschen, die in allem Vielfältigen und Widersprüchlichen das Eine, Grosse, Gemeinsame sehen, das eine göttliche Licht oder die eine, alles durchdringende göttliche Liebe oder auch das Unfassbare.

Diese tiefinnere Erfahrung nennt Jesus Abba, was Väterchen oder Papa bedeutet.

Es muss diese mystische Gotteserfahrung gewesen sein, die Jesus dazu drängte, an die Öffentlichkeit zu treten und von dem zu erzählen, was ihm aufgegangen ist. Seine Erfahrung, dass Gott, Welt und Mensch zusammengehören und nicht getrennt sind, bringt er in unzähligen Geschichten zur Sprache. Zum Beispiel so:

Ein junger Mensch verlässt seine Familie. Mit dem Geld, das er erhalten hat, will er sein Glück versuchen. Doch eines Tages ist das Geld aufgebraucht. Und zu allem Unglück kommt eine Hungersnot. Er hat kein Geld mehr und nichts zu essen. Schliesslich findet er Arbeit als Schweinehirt. Er steckt buchstäblich in der Scheisse. In seiner Not beschliesst er, nach Hause zu gehen. Doch was wird der Vater sagen, wenn er erfährt, dass er gescheitert ist? Das Unerwartete geschieht: Der Vater empfängt den Sohn mit offenen Armen. Der Sohn ist willkommen zu Hause.
(Lk 15,11-32).

Der Vater in dieser Geschichte ist ein Bild für Gott als Quelle des Lebens. Der Sohn, das sind wir, der Mensch, der oft vergisst, dass Gott der Grund seines Lebens ist. Der Weg, den der Sohn geht, steht für die wachsende Einsicht, dass das Göttliche alles durchdringt, trägt und umfängt: Auch wenn der Sohn loszieht, er bleibt der Sohn des Vaters, und der Vater bleibt der Vater des Sohnes. Wohin der Sohn auch gehen mag, wohin wir auch gehen mögen, Gott bleibt die Quelle unseres Lebens. Nichts kann aus Gott herausfallen.

Jesu Botschaft in dieser Geschichte ist klar: Gott ist nahe! Gott ist bedingungslose Zuwendung! Das ist die tiefe und radikale Einsicht, die Jesus aufgegangen ist.

Mystiker und Mystikerinnen sind Menschen, die religiöse Vorstellungen, die nicht mehr tragen, hinter sich lassen. Ein solcher Mensch war auch Jesus von Nazaret.

Was kann er für uns heute bedeuten?

Jesus ist ein Gleichnis für das, was auch wir dürfen: Wie Jesus, so dürfen auch wir über religiöse Traditionen, die uns nicht mehr einleuchten, hinausgehen und uns neu und anders mit dem Geheimnis verbinden, das wir Gott nennen.

Jesus legt uns keine Katechismuswahrheiten vor, die man auswendig lernen kann. Seine Geschichten sind vielmehr Aufrufe, eigene Gotteserfahrungen zu machen, z. B. in der Stille, in der Natur, im Zusammensein mit anderen Menschen. Seine Geschichten sind Weckrufe, den Mystiker, die Mystikerin in dir zu entdecken, die Intuition, dass das Eine, Göttliche auch in dir erscheint. Seine Geschichten sind Lockrufe, sich immer wieder neu auf Tiefenerfahrungen von Wirklichkeit einzulassen.

Jesus von Nazaret. Ein Mensch, dem etwas Entscheidendes aufgegangen ist.

Jesus von Nazaret. Ein Mensch, der seine Freude hätte an Menschen, die, wie er, auf Spurensuche gehen nach dem Göttlichen in der Welt und einander von dem erzählen, was ihnen dabei aufgegangen ist.

Mystiker-Predigten: Paulus

Lieber Paulus

Ein Kollege von dir hat geschrieben, dass es in deinen Briefen einige schwierige Stellen gibt. Und du selbst sagst von ihnen, dass man sie für bedeutend und eindrucksvoll hält.

Fürwahr, das sind sie: bedeutend und eindrucksvoll, aber eben auch schwierig. Wenn ich dich doch nur fragen könnte! Bei Brot und Wein wollten wir uns zusammensetzen und miteinander diskutieren. Allein, mir bleibt nur das Schreiben. So versuche ich denn auf diesem Weg, mit dir ins Gespräch zu kommen.

Wie Jesus von Nazaret, so bist auch du ein Jude. Was ein Jude ist, hast du allerdings anders verstanden als er. Gekannt hast du ihn nicht, doch sein Umgang mit der religiösen Überlieferung muss dir höchst suspekt erschienen sein, damals, als du seine Anhänger verfolgtest. Ein Superjude warst du und rühmtest dich deiner Gesetzestreue.

Doch dann kam es zu jenem dramatischen Wandel in deinem Leben: Vom Christenfeind bist du zum Christenfreund geworden, von einem, der die Sache Jesu am liebsten aus der Welt geschafft hätte, zu einem, der für die Sache Jesu weit in der Welt herumreist.

Wie Jesus, so hattest auch du eine tiefe religiöse Erfahrung, die dich über die Grenzen deines gewohnten Denkens hinaus führte. Und wie Jesus, so ist auch dir aufgegangen, dass Gott auf noch andere Weise wahrgenommen werden kann, als du es gelernt hast. Ich glaube, es ist diese umstürzende Erfahrung, von der du in einem deiner Briefe berichtest:

„Ich kenne einen Menschen, der in den dritten Himmel versetzt wurde. Ob man sagen soll, er sei dabei in einem normalen Zustand gewesen, oder er sei ausser sich gewesen – ich weiss es nicht. Ich weiss von demselben Menschen, dass er ins Paradies versetzt wurde. Ob man sagen soll, er sei körperlich dort gewesen oder im Geist – ich weiss es nicht. Doch er hörte unaussprechliche Worte, die kein Mensch nachsprechen kann."
(2 Kor 12,2-4)

Wenn das keine mystische Erfahrung ist! Dein Deutewort für diese Erfahrung ist Christus. Du selber schreibst ja: „Ich lebe, aber nicht ich lebe, sondern Christus lebt in mir." (Gal 2,20)

Christus – das ist die neue Weise, wie du Gott wahrgenommen hast, dein Wort für das, was dir an Jesus von Nazaret aufgegangen ist. Christus ist dein Grundwort für die befreiende Gotteswirklichkeit, die du erfahren hast.

„Ich lebe, aber nicht ich lebe, sondern Christus lebt in mir" – mit deinen Worten drückst du aus, was alle Mystiker und Mystikerinnen erfahren: die Verbindung mit der alles belebenden göttlichen Urwirklichkeit. –

Nun zu etwas anderem, zu deiner Deutung des Todes Jesu. Du formulierst: „Ihn hat Gott hingestellt als ein Sühnopfer, um durch dessen Blut seine Gerechtigkeit zu erweisen im Glauben." (Röm 3,25)

Lieber Paulus, ist dir nie in den Sinn gekommen, dass du mit dieser Deutung hinter die Verkündigung Jesu von der bedingungslosen Zuwendung Gottes zurückfällst? Ist dir nie bewusst geworden, dass du damit die neue Gottesbeziehung, die Jesus gezeigt hat, wieder in das alte Schema von Sünde und Sühnopfer presst?

Mir scheint, hier entwirfst du eine Theologie, die deiner neuen Gotteserfahrung im

Grunde widerspricht. Mich dünkt, hier bist du nicht bei dem geblieben, was dir einst aufgegangen ist. Mystik und Theologie, Innovation und Tradition – hier liegen sie im Streit miteinander. Hat dich deine jüdische Vergangenheit eingeholt? War es dir unmöglich, den Opfergedanken aufzugeben? Ist für dich eine Kirche ohne Sühnopferkult schlicht unvorstellbar?

Wie auch immer, für viele Menschen heute ist deine Sühnopfertheologie nicht mehr nachvollziehbar. Sie wirkt abstossend und überholt, zumal zu deiner Zeit ja weder der jüdische noch der griechische Opferkult Menschenopfer kannten. Kurz und gut, deine Weise, den Tod Jesu zu deuten, ist problematisch und ein Hindernis für eine Gottesbeziehung im Sinne Jesu, so jedenfalls habe ich es erfahren.

Was mir trotz allem an dir gefällt, lieber Paulus, und das möchte ich dir zum Schluss sagen, ist die Leidenschaft, mit der du das, was dir wichtig ist, auszudrücken versuchst. Dein Beispiel macht Mut. Mut zu eigenen Gotteserfahrungen. Mut zum eigenständigen Nachdenken über Gott, Welt und Mensch. Mut, die Jesusgeschichte immer wieder neu auszulegen. Dafür danke ich dir.

Mystiker-Predigten: Meister Eckhart

2010 wurde des 750. Geburtsjahres von Meister Eckhart gedacht.

Doch wer ist dieser Meister Eckhart? Wer ist dieser wohl grösste deutsche Mystiker?

Eckhart von Hochheim wird um 1260 bei Gotha oder Erfurt, in Thüringen, geboren. Früh schon tritt er in den Dominikanerorden ein, für den er im Verlauf seines Lebens immer wieder leitende Aufgaben übernimmt. Zweimal lehrt er an der Universität Paris als Magister, daher die Bezeichnung Meister. 1325 wird er von Ordensbrüdern wegen angeblich ketzerischer Glaubensaussagen denunziert. Ein Inquisitionsverfahren wird eröffnet. 1327 erklärt Eckhart, dass er widerrufen werde, falls ihm ein Irrtum nachgewiesen werden sollte. Weil sein Prozess verschleppt wird, appelliert er an den Papst. Vor Ende des Prozesses, vermutlich Anfang 1328, stirbt er in Avignon. 28 Sätze des Meisters werden nach seinem Tod verurteilt.

Kein weltabgewandter Sonderling tritt uns hier entgegen, sondern ein Mensch, der ein überaus aktives Leben führt und zugleich tiefe Denk- und Gotteserfahrungen macht.

Gott auf den Grund gehen – so kann man das, was Meister Eckhart umtreibt, auf den Punkt bringen.

Gott auf den Grund gehen – hören wir, was der Meister selbst sagt: „Ja, selbst deines gedachten Gottes sollst du quitt werden, aller deiner doch so unzulänglichen Gedanken und Vorstellungen über ihn wie: Gott ist gut, ist weise, ist gerecht, ist unendlich ...“[21]

---

[21] Vgl. J. Quint (Hg.), Meister Eckehart. Deutsche Predigten und Traktate, 1979, 30.

Gott auf den Grund gehen – die gemässe Haltung dafür ist Armut. Und zwar eine geistige Armut. Eine Armut, die nicht will und nicht weiss und nicht hat. Wirklich arm bist du nach Meister Eckhart aber erst dann, wenn du auch den Unterschied zwischen dir und Gott aufgegeben hast. Solange du nämlich etwas von Gott wollen, wissen oder haben möchtest, machst du Gott zum Objekt und erzeugst damit einen Unterschied zwischen dir und ihm. Der wahre Gott aber ist die Einheit, der nichts entgegengesetzt ist. In dieser Einheit, im Urgrund, sind Gott und Mensch eins.[22]

Allen Eigennutz in Bezug auf Gott fahren lassen, von Gott nichts wollen, das ist für Meister Eckhart der Weg, den wesenhaften Gott zu erfahren – Gott vor unserem Sinnen und Trachten.

In einer Predigt drückt er es so aus: „Ein Mensch gehe übers Feld und spreche sein Gebet und erkenne Gott, oder er sei in der Kirche und erkenne Gott: erkennt er *darum* Gott mehr, weil er an einer ruhigen Stätte weilt, so kommt das von seiner Unzulänglichkeit her, nicht aber von Gottes wegen; denn Gott ist gleicherweise in allen Dingen und an allen Stätten ...“[23]

Auch hier geht es Eckhart darum, von einem nur gedachten Gott loszukommen und leer zu werden von allen Vorstellungen, wie und wo Gott zu sein, was er zu tun und zu lassen hat. Eckhart ist hier ganz radikal. Doch wer die Tiefen Gottes schaut, hat alle Konzepte von Gott hinter sich gelassen. Wo und wie dieses Schauen geschieht, bleibt offen: im Beruf, im Sport, in der Stille oder wo auch immer – Gotteserfahrungen lassen sich nicht auf bestimmte Tätigkeiten, Orte und Zeiten festlegen.

Gott auf den Grund gehen – das ist es, was Eckhart im Tiefsten umtreibt. Und genau das ist es, was mich an ihm so fasziniert: Dass da einer den Mut hat, radikal über den

---

[22] Vgl. a. a. O., 303-309.
[23] Vgl. a. a. O., 324.

von Kirche und Theologie festgeschriebenen Gott hinauszugehen und sich mit Haut und Haar auf den göttlichen Urgrund der Wirklichkeit einzulassen.

Was Eckhart zur Sprache bringt, ist das unauflösliche Durchdrungensein von Gott und Welt. Anders ausgedrückt: Gott ist mein tiefstes Wesen, mein wahres Selbst. Oder: In mir lebt Gott sich selbst, denn in mir kommt Gott zur Welt.

Diese Einsichten sind universal. Darum wundert es nicht, dass immer wieder eine Verwandtschaft zwischen westlicher und östlicher Mystik festgestellt wurde. Der Vergleich der Gedanken- und Erfahrungswelt Meister Eckharts mit der des Zen-Buddhismus legt das nahe. Ein Beispiel. Während im Zen von der letzten Wirklichkeit als Leere geredet wird, so ist für Eckhart Gott als weiseloses Nichts der tiefste Grund der Wirklichkeit.

750 Jahre Meister Eckhart. Mag er an Jahren auch alt sein, seine Einsichten sind es nicht.

Mystiker wie Meister Eckhart sind das Salz der Religion. Sie verhindern, dass Gott in das Haus der Kirche eingesperrt wird. Sie erinnern uns an jene Wirklichkeit, in der Gott, Welt und Mensch verbunden und eins sind. Und sie ermutigen uns, den eigenen Weg zu gehen und spirituell zu wachsen.

Möge uns das je und je geschenkt sein.

Mystiker-Predigten: Jakob Böhme

Mach nur die Augen auf,
und du wirst sehen:
Die Welt ist von Gott erfüllt.

Im Jahr 1600 hat der 25-jährige Schumachermeister Jakob Böhme aus Görlitz an der Neisse eine Erleuchtung. Der Anblick eines Zinngefässes wird ihm zur Erleuchtung, zur Schau in den innersten Grund des Seins.

Verwirrt verlässt Böhme sein Haus und geht auf den Feldern vor der Stadt spazieren. Je länger er geht, desto klarer wird ihm, dass sein Erlebnis keine Fantasie, kein Hirngespinst, sondern eine echte Erleuchtungserfahrung gewesen sein muss.

Böhme arbeitet weiterhin als Schumacher, sorgt für seine Familie und geht wie immer zur Kirche. Als er 1610 nochmals eine solche Erfahrung hat, beschliesst er, seine Erlebnisse und Einsichten aufzuschreiben. Es entsteht ein Manuskript mit dem Titel *Morgenröte im Aufgang*.

Ein paar Jahre später erreicht eine Abschrift des Manuskripts das Görlitzer Pfarrhaus. Der lutherische Pfarrer, der dort amtet, spricht Böhme die Rechtgläubigkeit ab und bezeichnet ihn als Ketzer. Durch die Stadtbehörden lässt er Böhme in Untersuchungshaft setzen. Das Manuskript wird beschlagnahmt, und am Sonntag muss Böhme sich die Strafpredigt des Pfarrers anhören, der ihn einen Halunken nennt. Ein Schreibverbot wird ausgesprochen. Böhme bangt um seinen Ruf als Handwerker und um die Existenz seiner Familie.

Was zeigt uns diese Geschichte?

Sie zeigt uns, was geschehen kann, wenn ein Mensch eine Gotteserfahrung macht, die über das gängige Glaubensverständnis seiner Zeit hinausgeht. Und sie zeigt uns, dass institutionalisierte Religion immer wieder Gefahr läuft, spirituell zu erstarren.

Mach nur die Augen auf,
und du wirst sehen:
Die Welt ist von Gott erfüllt.

Mystische Erfahrungen können auch heute Anstoss erregen. Erleuchtung als tiefinnere Erfahrung des Göttlichen stösst an, weil sie traditionelle religiöse Vorstellungen übersteigt wie zum Beispiel die Vorstellung, dass Gott ein Wesen ist, das von uns getrennt ist und sich irgendwo weit weg im Himmel befindet. Oder die Vorstellung, dass nur die Bibel den rechten Zugang zu Gott zeigt.

Mach nur die Augen auf,
und du wirst sehen:
Die Welt ist von Gott erfüllt.

In der Tiefe seiner Seele hungert der Mensch nach Erleuchtung. In der Tiefe deiner Seele sehnst auch du dich nach Erleuchtung, nach Erfahrung des Göttlichen, in dem du heil und ganz bist. Doch die Stimmen der Mystiker und Mystikerinnen vernimmt man in den Kirchen kaum, zum grossen Schaden für die christliche Religion. Jörg Zink, der bekannte Theologe und Schriftsteller, bringt es auf den Punkt: „Wenn das Christentum nicht seinen mystischen Hintergrund wieder entdeckt, dann hat es uns nichts mehr zu sagen.“[24]

Mach nur die Augen auf,
und du wirst sehen:
Die Welt ist von Gott erfüllt.

---

[24] Vgl. J. Zink, Dornen können Rosen tragen. Mystik – die Zukunft des Christentums, 1997, 88.

Um mehr von der Welt zu erfahren, muss ein Kind seine Sinne nach aussen richten. Anders der erwachsene Mensch: Will er tiefere Dimensionen der Wirklichkeit entdecken, muss er sich nach innen richten. Dort, in den Tiefen des Bewusstseins erschliessen sich Gott und Welt.

Genau das ist die Erfahrung, von der Jakob Böhme uns berichtet. Diese Erfahrung kannst auch du machen.

> Mach nur die Augen auf –
> deine inneren Augen –,
> und du wirst sehen:
> Die Welt und du sind von Gott erfüllt.

Gott ist wie ein Witz

„Gott, du hast mich erforscht, und du kennst mich. Ob ich sitze oder stehe, du weisst es, du verstehst meine Gedanken von fern. Ob ich gehe oder liege, du hast es bemessen, und mit allen meinen Wegen bist du vertraut. Stiege ich hinauf zum Himmel, du bist dort, und schlüge ich mein Lager auf im Totenreich, sieh, du bist da." (Ps 139,1-3.8)

Gott ist wie ein Witz.

Was meine ich damit? Etwas ganz Einfaches.

Was ist das Wesen eines Witzes? Das Wesen eines Witzes ist die Pointe.

So ist es auch mit Gott. So wie ich mich der Pointe eines gut erzählten Witzes nicht entziehen kann, so kann ich mich auch Gott nicht entziehen.

Gott ist wie ein Witz.

Die Pointe dieses Witzes lautet: Gott ist überall. Oder: Alles ist von Gott durchdrungen. Genau das ist auch die Pointe von Psalm 139: Gott ist überall; alles ist von Gott durchdrungen.

Für den Alltagsverstand ist das schwer zu fassen. Denn der Verstand ist es gewohnt, die Dinge zu trennen und die Welt in Gegensätze einzuteilen. Gott ist im Himmel, der Mensch auf Erden. Gott ist ausserhalb von mir, und ich bin ausserhalb von Gott.

Doch stimmt diese Vorstellung? Trifft sie wirklich auf die Wirklichkeit zu?

Nicht im Blick auf eine tiefere Wirklichkeit.

Lass es mich dir so erklären: Ist dir nicht auch schon die Ahnung gekommen, dass Gott eine Art Element ist, in dem du lebst, dass Gott eine Art Fluidum ist, das durch dich hindurch geht, dass die göttliche Wirklichkeit ein geheimnisvolles undefinierbares Etwas ist, das überall und in allem da ist, was existiert? Hast du das nicht auch schon erahnt und verspürt – dass Gott nicht nur über dir ist, sondern auch in dir und um dich herum?

Folgendes Gleichnis soll es dir verdeutlichen.

Die Fische eines Flusses sprachen miteinander und sagten: „Man behauptet, dass unser Leben vom Wasser kommt, aber wir haben noch nie Wasser gesehen; wir wissen nicht, was es ist.“

Da sagten einige von ihnen, die klüger waren als die anderen: „Wir haben gehört, dass im Meer ein kluger und gelehrter Fisch lebt, der alle Dinge kennt. Wir wollen zu ihm gehen und ihn bitten, uns das Wasser zu zeigen.“

So machten sich einige von ihnen auf, den grossen, weisen Fisch zu suchen, und sie kamen endlich in das Meer, wo der Fisch lebte.

Als er sie angehört hatte, sagte er: „O ihr dummen Fische! Im Wasser lebt ihr und bewegt ihr euch und habt ihr euer Leben; aus dem Wasser seid ihr gekommen, zum Wasser kehrt ihr wieder zurück. Ihr lebt im Wasser, aber ihr wisst es nicht!“[25]

Oft sind wir wie diese Fische und sehen nicht, dass wir in Gott leben und Gott in uns lebt. Wir sehen nicht, dass die Wirklichkeit, die wir Gott nennen, in uns als Mensch, im Fisch als Fisch, in der Blume als Blume und im Stein als Stein erscheint.

---

[25] Nach Ohne Wasser kein Leben, akzente 8, 1983.

Gott ist überall. Das ist die Grunderfahrung des Dichters von Psalm 139. Und das ist auch die Grundaussage des Gleichnisses von den Fischen.

Versuche es einmal. Gib auch du dieser Einsicht Raum. Dann kann es geschehen, dass du eine tiefere Wirklichkeit entdeckst und siehst, wie nahe Gott dir ist.

Gott ist überall; alles ist von Gott durchdrungen.

Wem das aufgeht, für den ist Gott wie ein Witz, dem man sich nicht entziehen kann.

Ein solcher Mensch ist wie ein Fisch, der weiss, dass er im Wasser schwimmt und göttliches Leben ist.

Wahrheit, Witz und Lachen

„Es gibt eine Zeit zum Weinen und eine Zeit zum Lachen.“ (Pred 3,4)

Lachen gehört zum Leben wie Essen und Trinken. Lachen schenkt Wohlbefinden. Lachen ist gesund. Ein Leben ohne Lachen – können Sie sich das vorstellen?

Zum Lachen gehört der Witz. Wenn jemand einen Witz erzählt, wird gelacht. Warum wird gelacht? Weil der Witz auf überraschende Weise eine Wahrheit ausspricht.

Wahrheit, Witz und Lachen.

Wir alle kennen Witze, mit denen auf witzige Weise etwas Wahres ausgedrückt wird: Beziehungswitze, Politikerwitze, Österreicherwitze usw. Sicher kennen Sie auch religiöse Witze.

Einer geht so: Fragt der Pfarrer in der Sonntagsschule: „Was müsst ihr zuerst tun, damit eure Sünden vergeben werden?“ Klein Fritzchen antwortet brav: „Zuerst sündigen, Herr Pfarrer.“

Kennen Sie diesen? Sagt ein katholischer Priester zu seinem Kollegen: „Meinst du, wir erleben es noch, dass der Zölibat abgeschafft wird?“ Schüttelt der andere seinen Kopf und sagt: „Wir nicht, aber unsere Kinder.“

Wahrheit, Witz und Lachen.

Dass Witz und Lachen auch mit Tiefsinn zusammengehen, zeigt die folgende Geschichte.

Ein Pfarrer befand sich in grossen Geldnöten. Da er ein guter Christ zu sein glaubte und fleissig die Bibel las, fand er bei Matthäus die Weisung „Bittet, dann wird euch gegeben“ (Mt 7,7), und bei Johannes las er die Stelle: „Alles, wofür du Gott bittest, wird Gott dir geben“ (Joh 11,22).

Also dachte sich der fromme Pfarrer: „Ich werde Gott um einen grossen Lottotreffer bitten, dann bin ich meine Geldsorgen los.“

Und so betete der Pfarrer während Wochen und Monaten brav und fleissig um den erhofften Lottogewinn. Doch nichts geschah, und seine finanzielle Lage verschlimmerte sich.

Am Ende des Jahres lag er auf den Knien und haderte mit Gott und fragte: „Warum erhörst du mich nicht? Du weißt doch, wie elend ich dran bin. Ein guter Treffer im Lotto könnte mich aus meiner Not erretten.“

Da hörte der Pfarrer ganz nahe bei seinem Ohr eine Stimme, die von oben zu kommen schien und zu ihm sprach: „Kauf doch endlich mal ein Los!“[26]

Wahrheit, Witz und Lachen.

Der Witz dieser Geschichte: Der Pfarrer muss selbst etwas zu seinem Glück beitragen. Um einen Gewinn im Lotto zu beten, ohne ein Los zu kaufen, funktioniert nicht. Das ist der Witz dieser Geschichte. Und die Wahrheit, die sie ausspricht, ist lachhaft einfach.

Vielleicht gibt es nur eins zu tun, wenn man die Menschen liebt. Vielleicht ist das das Wichtigste: Die Menschen über die Wahrheit zum Lachen zu bringen, ja, die Wahrheit selbst zum Lachen zu bringen.[27] Wie zum Beispiel mit einem Witz oder einer Geschichte wie die vom Pfarrer, der Gott um einen Treffer im Lotto bittet.

---

[26] Nach B. Imhof, Wahrheit und Weisheit. Symbolgeschichten, 1995, 75f.

Wahrheit, Witz und Lachen.

Lachen ist gesund. Und Lachen macht uns menschlich. Es macht uns menschlich, weil es der Wahrheit ein menschliches Mass verleiht. Denn die Wahrheit, über die wir lachen, lässt uns Mensch sein mit unseren Schwächen, Widersprüchen und Eigentümlichkeiten.

Darum lache, so oft du kannst. Denn im Lachen kommt manchmal die Wahrheit zur Welt.

[27] Vgl. U. Eco, Der Name der Rose, 1986, 624.

Von der Dankbarkeit

De Hans im Schnäggeloch hät alles, was er will
und was er will, das hät er nid
und was er hät, das will er nid
De Hans im Schnäggeloch hät alles, was er will

De Hans im Schnäggeloch – was kennt dieser Hans nicht?

Zufriedenheit und Dankbarkeit.

Beides ist ihm fremd. Unzufrieden mit dem, was er hat. Unzufrieden aber auch wegen dem, was er nicht hat.

Manchmal sind auch wir ein solcher Hans. Wollen das, was wir nicht haben. Haben das, was wir nicht wollen. Sind unzufrieden mit uns und der Welt.

Unzufriedenheit kann ein Antrieb sein, eine Situation, die uns missfällt, zu verändern. Unzufriedenheit kann uns aber auch blind machen für das, was wir tagtäglich an Gutem erfahren.

Wir stehen am Anfang eines neuen Jahres. Das weckt Hoffnungen und Erwartungen. Hoffnungen und Erwartungen, vor allem wenn sie überzogen sind, können zur Last werden. Was, wenn sie nicht in Erfüllung gehen?

Vielleicht ist es sinnvoll, keine allzu grossen Hoffnungen und Erwartungen mit dem neuen Jahr zu verbinden. Vielleicht sollten wir einfach offen sein für das, was das Jahr bringt, und uns auf das besinnen, wofür wir dankbar sein können.

Dankbar sein.

Wann waren Sie das letzte Mal dankbar? So richtig erfüllt von Dankbarkeit?

Dankbarkeit ist ein Lebenselixier. Dankbarkeit erzeugt in uns Gefühle, die wohltuend auf Körper, Geist und Seele wirken. Gefühle wie Ruhe, Friede, Freude, Zufriedenheit.

Wir alle kennen Momente, in denen Dankbarkeit in uns aufsteigt. Momente, in denen Dankbarkeit uns erfüllt und wir uns dem Geheimnis des Lebens nahe fühlen.

Erinnerst du dich an die sternenklare Nacht, deren Pracht deine Ängste und Sorgen zum Verschwinden brachte? Die Nacht, in der du spürtest, dass da etwas Grösseres ist als du? Erinnerst du dich an den strahlenden Wintertag, den du unter wolkenlosem Himmel verbrachtest? Den Tag, an dem etwas in dir aufatmete und gross und weit wurde?

Noch viele andere Beispiel könnte ich dir geben: die Geburt eines Kindes, die Genesung nach einer Krankheit, das Gelingen eines Vorhabens ...

Dankbarkeit ist ein Lebenselixier. Sind wir dankbar, fühlen wir uns ganz und heil. Inmitten einer Welt voller Widersprüche werden wir eins mit dem, was ist. Wir sind im Einklang mit uns und der Welt.

Das Geheimnis der Dankbarkeit?

Ganz im Moment sein. In einem Moment der Dankbarkeit überlege ich nicht, woher das, was mich dankbar macht, herrührt. Erfüllt von Dankbarkeit mache ich mir keine Gedanken. Ich bin eins mit dem Moment. Die Gedanken kommen später. Erst dann frage ich, wem oder was ich es zu verdanken habe, dass ich dankbar bin: Menschen, dem Schicksal, Gott? Unmittelbar berührend, unmittelbar erfüllend aber ist die

Erfahrung der Dankbarkeit selbst. Sie ist es, die uns Ruhe, Friede, Freude und Zufriedenheit schenkt.
Und Hans? Wie würde das Lied von einem zufriedenen Hans lauten?

> De Hans im Sunnetal hät alles, was er will
> und was er will, das hät er scho
> und was er hät, das macht ihn froh
> De Hans im Sunnetal hät alles, was er will

Möge Dankbarkeit und Zufriedenheit uns in diesem Jahr begleiten und reich beschenken!

MIX
Papier aus verantwortungsvollen Quellen
Paper from responsible sources
FSC® C105338

FSC
www.fsc.org

Printed by Books on Demand GmbH, Norderstedt / Germany